AF395890

MÉMOIRE

SUR

LA DYSSENTERIE ET LA COLITE

AIGUËS;

MOYEN DE LES GUÉRIR
SUREMENT, PROMPTEMENT ET ÉCONOMIQUEMENT;

Par ANTHELME PEYSSON,

Médecin principal et en chef de l'hôpital militaire de Lyon; Chevalier de la légion d'honneur et de l'Ordre royal de Charles III d'Espagne; Membre correspondant de la Société de médecine de Toulouse et de celle de Metz; ex-Président de la Société d'émulation de Cambrai; Membre correspondant de l'Académie royale de médecine de Madrid.

> Souvent l'homme n'est sage que quand il
> a eu lieu de se repentir de ses erreurs.
>
> ZIMMERMANN.

PARIS,

IMPRIMERIE DE L. BOUCHARD-HUZARD,
RUE DE L'ÉPERON, 7.

1840.

IMPRIMERIE DE L. BOUCHARD-HUZARD,
rue de l'Éperon, n° 7.

A MONSIEUR

MOIZIN,

MÉDECIN-INSPECTEUR,
MEMBRE DU CONSEIL DE SANTÉ DES ARMÉES, etc.

TRÈS-HONORÉ INSPECTEUR ET CHER COMPATRIOTE,

En arrivant au plus haut rang de la médecine militaire, où vous appelaient vos droits d'ancienneté, consacrés par le savoir et une carrière dignement remplie, votre vieille amitié pour moi, bien loin de se refroidir, s'est montrée plus constante et plus active, en ne perdant aucune occasion de me donner de nouvelles preuves d'estime et d'intérêt.

Cette conduite m'a vivement touché, et c'est pour vous donner un témoignage public de ma reconnaissance et d'une affection bien sentie que je me plais à vous

offrir l'hommage de ce Mémoire, digne de votre philan-
thropie et de vos lumières, par l'importance de la découverte qu'il va propager; découverte moins brillante, mais
certainement plus utile que celle de la vaccine elle-même,
puisqu'elle doit anéantir le fléau dyssentérique.

Daignez donc l'agréer, mon excellent ami, ainsi que la
nouvelle assurance de mon dévouement et de mon inal-
térable amitié.

ANTHELME PEYSSON.

Lyon, le 10 juillet 1840.

MÉMOIRE

DYSSENTERIE ET LA COLITE AIGUËS;

CONSIDÉRATIONS GÉNÉRALES.

Ce n'est pas sans un vif sentiment de curiosité et d'intérêt, que le médecin philosophe, étudiant le passé et remontant aux sources de la science, parcourt la chaine des idées que ses devanciers ont émises sur la nature et le traitement d'une maladie telle que la dyssenterie, qui fut considérée jusqu'à ce jour comme un des plus grands fléaux de l'humanité, tant par sa fréquence et sa gravité, que par son caractère souvent contagieux ou au moins épidémique.

Tous les auteurs qui ont traité de cette redoutable affection, et peu de médecins ont écrit en pathologie sans s'en occuper, la considèrent comme étant plus funeste que la peste elle-même. C'est l'avis de Zimmermann, qui émet souvent cette opinion dans ses ouvrages; c'est aussi celui de deux de nos plus illustres inspecteurs, MM. Coste et Desgenettes, qui ont été témoins de ses ravages, l'un en Amérique, et l'autre en Égypte, où elle règne presque constamment.

Mais si la dyssenterie est une de ces maladies générales dont l'étude intéresse tous les praticiens, ne doit-elle pas fixer encore à un plus haut degré l'attention de ceux qui exercent leur art parmi les troupes, puisque c'est dans les camps et dans les hôpitaux militaires, c'est-à-dire dans tous les grands rassemblements d'hommes, qu'elle se montre sous la forme épidémique, et qu'elle multiplie ses victimes, ainsi qu'on l'a vu dans les armées françaises en Égypte, en Morée et même en Afrique?

Cependant, le dirai-je? ses ravages y eussent été infiniment moins fréquents et moins désastreux, si son traitement avait été plus rationnel. Que de braves conservés à la patrie, si les médecins de l'immortelle armée d'Égypte, par exemple, n'avaient pas été imbus des préjugés de Zimmermann sur la nécessité d'évacuer promptement les humeurs putrides, qu'il regardait comme causes de la dyssenterie ! Quels résultats heureux n'eussent-ils pas obtenus, s'ils avaient été pénétrés, comme je le suis aujourd'hui, de cette grande et importante vérité, qu'on peut toujours conjurer le danger chez les dyssentériques, et le plus souvent les guérir rapidement, au moyen de la saignée générale, plus ou moins répétée, faite au début du traitement, époque où le moindre retard, la moindre erreur, entraînent les conséquences les plus fatales !

« La dyssenterie, dit Zimmermann, est une de ces maladies où souvent l'erreur conduit aux plus funestes résultats, et où il est extrêmement difficile de l'éviter, de l'aveu des plus grands médecins; aussi Hérédia disait-il : *Nullum affectum tantis difficultatibus implicitum invenio præsertim in ejus curatione.* »

D'un autre côté, les ravages que fait cette maladie, et les assertions contradictoires des médecins, tant anciens que modernes, sont des motifs qui doivent rendre les praticiens très-circonspects sur la manière de la traiter. C'est surtout ici qu'il faut partir de ce principe de Galien : *Cognitio morborum est materia remediorum.*

Eh bien, c'est cette connaissance de la maladie qui a manqué aux médecins pendant des siècles ; aussi se sont-ils laissés aller aux idées les plus contradictoires et les plus extravagantes sur sa nature, et, par suite, sur son traitement ; chacun voyant avec le système de philosophie de son siècle, ou avec les préjugés de ses maîtres.

« Si quelquefois, dit Cabanis, les observations de nos prédécesseurs nous servent de guide et nous aident à mieux observer nous-mêmes, trop souvent aussi la paresse, sous le nom de respect, se repose sur l'autorité; on ne se sert pour ainsi dire plus de ses propres yeux, on ne voit que par ceux d'autrui, et bientôt la vérité, même en passant de livre en livre, prend tous les caractères de l'imposture et de l'erreur. »

Voilà ce qui est arrivé par rapport à la dyssenterie, maladie sur laquelle on a émis longtemps les opinions les plus opposées et les plus absurdes qui ont conduit à l'usage d'une foule de remèdes les plus bizarres et les plus dangereux, depuis l'eau froide jusqu'au mercure et à l'arsenic, tandis que le raisonnement le plus facile en apparence devait conduire à la méthode la plus simple, la plus heureuse et la plus économique.

Je le demande, est-il en médecine un seul sujet qui ait donné lieu à tant de raisonnements divers, que dis-je? à tant de divagations, que l'étude de la dyssenterie, et qui prouve mieux toute la faiblesse de l'entendement humain!

C'est ce qui ressortira surtout du coup d'œil rapide que nous allons jeter sur les principaux auteurs qui se sont occupés de cette maladie; coup d'œil indispensable d'ailleurs pour montrer où en était la science, quand j'ai été conduit par mes revers à l'heureuse méthode que je proclame aujourd'hui comme un immense bienfait pour l'humanité.

Opinions des anciens sur la nature et le traitement de la dyssenterie.

Hippocrate, qu'on doit toujours citer quand il s'agit de médecine pratique, définissait la dyssenterie « un flux putride venant de l'amas de la bile et de la pituite, qui, après être resté quelque temps fixé sur les intestins et les vaisseaux, cause des chaleurs internes considérables, et se précipite enfin avec un sang corrompu, d'où résultent des ulcères aux intestins. »

D'après de telles idées sur la cause prochaine de cette maladie, ce grand homme ne devait songer qu'aux moyens d'évacuer ces humeurs et de faire cicatriser ces ulcères. Quant à la saignée, il la proscrivait complétement dans cette maladie, puisqu'il ne la permettait que quand le ventre était resserré.

Que signifie d'ailleurs l'opinion du père de la médecine sur le sang sortant des vaisseaux mésaraïques et cœliaques, et sur le flux qu'il appelait hépatique?

Il faut en convenir, Hippocrate avait un grand talent d'observation, et on ne peut qu'admirer tout ce qu'il nous a transmis comme le fruit de sa seule expérience : mais, n'en déplaise aux enthousiastes de ce génie, qui ne voient rien de beau, rien de bien que ce qui nous vient de l'antiquité, le divin vieillard, parmi une foule de bonnes choses, nous a laissé des idées faibles et même dangereuses. Et comment aurait-il pu en être autrement, puisque, de son temps, on manquait totalement de connaissances positives en anatomie, en physiologie, et surtout en anatomie pathologique, science moderne qui a donné enfin à l'art de guérir quelque certitude?

Vénérons les anciens sans adoration stupide, comme dit Théophile Gauthier, et profitons de ce qu'ils ont fait sans les copier.

Ce que je viens de dire d'Hippocrate s'applique également à Galien, qui donna une telle impulsion à la médecine, que ses opinions régnèrent despotiquement dans les écoles pendant des siècles : aussi ses successeurs définissaient-ils, comme lui, la dyssenterie « un flux de ventre sanguin, avec des ulcères aux intestins, » prenant ainsi, comme tant d'autres, l'effet pour la cause.

Celse admit l'ulcération, mais changea le nom de *dysenteria* en celui de *tormina intestinorum*.

Cœlius Aurelianus la nomma *rheumatismus intestinorum cum ulcere*.

Comment, avec de semblables idées, Galien et ses sectateurs n'auraient-ils pas proscrit la saignée dans cette redoutable maladie, pour ne songer également qu'aux moyens d'évacuer les humeurs putrides et de cicatriser les ulcères intestinaux? encore quels remèdes, lui et ses partisans, préconisaient-ils pour atteindre ce but? le sel marin; l'eau salée ou le vinaigre, en lavements ; et autres moyens non moins pernicieux.

Etmuller, toujours prêt à adopter les plus grandes rêveries, dit Zimmermann, n'a-t-il pas été jusqu'à conseiller l'alun et le sel de saturne, comme extrêmement avantageux dans la dyssenterie! D'autres n'ont-ils pas été encore plus loin, en osant proposer le mercure et même l'arsenic!

L'opinion des anciens sur l'ulcération des intestins dans la dyssenterie vient d'être renouvelée, on peut bien dire des Grecs, par l'école moderne des anatomo-pathologistes, qui font consister la nature essentielle de cette maladie dans des ulcères de la membrane muqueuse du gros intestin, ainsi qu'on peut le voir dans les recherches sur la dyssenterie par le docteur Thomas, de Tours, insérées dans les archives générales de médecine, 2ᵉ série, tom. 7 (avril 1835), où on lit, page 456 : « Dans le cours de mes recherches sur la dyssenterie, les caractères anatomiques ont surtout fixé mon attention. Flottant entre l'opinion des anciens, qui, depuis Hippocrate jusqu'au XVIIᵉ siècle, admettaient, d'après leurs théories, que la dyssenterie déterminait l'ulcération des intestins et que cette lésion en était un caractère essentiel, et

celle des modernes, qui, après l'inspection ana-
tomique, nient la présence d'ulcérations dans les
intestins des dyssentériques, j'ai voulu voir par
moi-même et j'ai reconnu, après avoir fait avec
le plus grand soin bon nombre de nécropsies, que
les anciens ont trouvé juste et que les modernes
sont dans une erreur complète.»

Je ferai observer, à cet égard, que les petits
ulcères que M. Thomas croit avoir trouvés à la
suite de la dyssenterie épidémique ne ressemblent en rien à ceux qu'admettaient les anciens
pour s'expliquer comment le sang s'échappe des
intestins : d'ailleurs les anatomo-pathologistes
les font précéder d'une violente inflammation
spéciale, tandis que jadis on les attribuait à
l'âcreté des humeurs, ce qui est bien différent.

Il faut arriver à l'illustre Sydenham pour ren-
contrer des idées nouvelles et tant soit peu rai-
sonnables sur la nature de la dyssenterie et sur
son traitement, qui a toujours été subordonné
aux idées qu'on se formait de sa cause prochaine.
Si l'on prétendait encore que les théories en médecine sont au moins inutiles, l'histoire de la
dyssenterie suffirait seule pour prouver le contraire.

En effet, Sydenham, après avoir admis que
la dyssenterie dépend d'humeurs âcres qui des
voies circulatoires se portent sur les intestins,

d'où elles sont évacuées avec plus ou moins de sang, agissait logiquement en prescrivant presque toujours, au début de la maladie, une petite saignée pour diminuer la masse de ces humeurs et celle du sang lui-même.

« Après avoir soigneusement et mûrement réfléchi sur les divers symptômes de la dyssenterie, dit-il, j'ai trouvé que c'était une fièvre particulière, qui agit sur les intestins, c'est-à-dire que les humeurs âcres et enflammées qui sont contenues dans la masse du sang et qui l'agitent sont déposées sur les intestins, à travers les artères mésentériques, et, étant aidées par le mouvement impétueux des liqueurs qui se portent de ce côté-là, elles forcent les orifices des vaisseaux et donnent moyen au sang de s'épancher par les selles.

En même temps les intestins, faisant tous leurs efforts pour se débarrasser des humeurs âcres qui les irritent continuellement, expriment la mucosité dont ils sont naturellement enduits, laquelle se décharge avec le sang, tantôt plus, tantôt moins, chaque fois qu'on va à la selle. » (*OEuv. de méd. prat.*, trad. de Baume, t. i, p. 208.)

Il ajoute enfin :

« Car il est évident que le mal ne vient point d'un ulcère du rectum, mais plutôt de ce que les intestins, à mesure qu'ils ont retrouvé leur élasticité, ont poussé dans le rectum les restes de la

matière morbifique; et cet intestin, continuellement irrité, se décharge, à chaque selle, d'une
mucosité dont il est naturellement enduit. »
(*Loc. citat.*, p. 216.)

D'après ces vues, Sydenham établit ainsi les
indications à remplir : « 1° Faire, par la saignée,
une révulsion des humeurs âcres; 2° adoucir
toute la masse du sang, et évacuer par la purga-
tion toutes ces humeurs nuisibles. » (*Loc. citat.*, p. 208.)

En conséquence, le premier jour, une saignée
était pratiquée; le soir il donnait un calmant, et
prescrivait, pour le lendemain, une potion dans
laquelle entraient les tamarins, le séné et la
rhubarbe; mais, dans le but d'apaiser le mouvement que les purgatifs avaient excité dans les intestins, dans le sang et dans les humeurs, il ordonnait un calmant immédiatement après que
l'effet purgatif avait cessé. (*Loc. citat.*, p. 210.)

La boisson habituelle du malade était la décoction blanche ou du lait coupé. Le purgatif
était répété deux ou trois fois, de deux en deux
jours, pendant le cours de la maladie. Souvent,
chez les vieillards, les enfants, les sujets à constitution lymphatique, il usait d'un cordial dont
il variait les doses. La dyssenterie résistait-elle,
outre les moyens indiqués, la dose du laudanum
liquide était augmentée, et l'on ajoutait la théria-

que en lavements qui, dans le principe, se composaient en partie de lait. Lorsque la maladie se prolongeait, malgré la méthode employée, Sydenham rejetait les lavements détersifs ou astringents, qu'on était dans l'usage de prescrire, et s'en tenait à l'emploi journalier d'un cordial et du laudanum.

Comme on le voit, Sydenham ne négligeait pas d'une manière absolue l'usage de la saignée générale; mais, comme il était très-préoccupé de la faiblesse qui accompagne la dyssenterie, il négligeait quelquefois la phlébotomie chez les sujets faibles et qui ne lui paraissaient pas pléthoriques; il en résultait encore qu'il ordonnait une saignée insuffisante et qu'il ne la réitérait jamais, croyant d'ailleurs avoir des moyens bien plus énergiques et plus sûrs de se débarrasser de ces humeurs, en les évacuant par le haut et par le bas, au moyen des émétiques et des purgatifs qui jouaient le principal rôle dans son traitement, et qu'il donnait immédiatement après la saignée; aussi leur attribuait-il les bons effets qu'il obtenait de celle-ci malgré leur *funeste action;* erreur assez commune et qui explique comment il a fallu des siècles pour arriver à la grande vérité qui m'occupe aujourd'hui.

Toutefois, il est vrai de dire que Sydenham avait entrevu cette vive irritation qui tourmente le tube intestinal durant le cours de la maladie, puisqu'il a employé souvent les boissons délayantes et adoucissantes, et autres moyens pour la calmer, et que c'est lui surtout qui a accrédité l'usage de l'opium qu'il donnait le plus souvent après les émétiques et les purgatifs.

Mais ce qui prouve qu'il était loin de se douter de tout le parti qu'on peut tirer de la saignée générale, c'est d'abord qu'il employait d'autres remèdes, et ensuite qu'il considérait les dyssenteries hémorragiques, qu'il attribuait à la corrosion des vaisseaux, comme étant essentiellement mortelles ; le passage suivant en est la preuve : « Au lieu des filets de sang qui, au commencement, se voyaient mêlés parmi les déjections, il arrive quelquefois, dans les progrès de la maladie, qu'on rend le sang pur en abondance et sans mélange d'aucune sérosité, toutes les fois qu'on va à la selle. Cet accident, qui marque une corrosion des gros vaisseaux des intestins, est un *signe mortel.* » (*Loc. citat.*, t. i, p. 204.)

Et cependant ces dyssenteries, qui n'indiquent que le plus haut degré de la phlogose, bien que des plus graves, n'en cèdent pas moins facilement aux saignées générales, plus ou moins répétées, ainsi que j'en offre la preuve dans les observations qui terminent ce mémoire.

Ce qui le prouve encore, c'est que Sydenham

rapporte, comme un cas rare et extraordinaire (*loc. cit.*, p. 218), l'observation d'une femme atteinte d'une dyssenterie depuis trois ans, guérie par la seule saignée, répétée de loin en loin, parce que le sang présentait chaque fois une couenne pleurétique. Malheureusement ce fait isolé, sur lequel il ne donne aucun détail, offre tant d'obscucurité, qu'on ne peut en tirer aucune conséquence : il est même à croire, d'après nos connaissances actuelles, que Sydenham s'est trompé, et qu'il a pris pour une dyssenterie un flux hémorroïdal habituel; car, enfin, qu'est-ce qu'une dyssenterie de trois ans ?... Certes, si dans un mois cette maladie n'est pas terminée, elle passe indubitablement à l'état chronique, avec ulcérations de la membrane muqueuse intestinale, et alors quel est le praticien qui pourrait prétendre la guérir par les saignées générales? C'est bien ici le cas de s'écrier avec Hippocrate : *Experientia fallax!*

Il faut reconnaître, cependant, que ce grand praticien est le premier qui se soit rapproché de la vérité, et qu'il a moins mal traité la dyssenterie que tous ses prédécesseurs.

Il est à croire qu'on serait arrivé plus tôt à des idées saines sur la nature et le traitement de cette maladie, si les successeurs de Sydenham avaient continué à marcher dans la même voie, au lieu de revenir aux théories humorales et putrides du père de la médecine. N'est-ce pas ce qu'a fait Pringle, qui a exercé pendant longtemps une grande influence sur le traitement de la dyssenterie, principalement parmi les médecins militaires? Est-il possible de mettre en doute que cette influence continuée, jusqu'à des temps très-rapprochés, a contribué à égarer les médecins de l'armée d'Égypte et à rendre la mortalité plus considérable pendant cette immortelle expédition?

En effet, au lieu de suivre les opinions de Sydenham et d'améliorer sa méthode , Pringle adopte une nouvelle théorie où il fait jouer un grand rôle à un certain ferment putride; dès lors il est conduit à ne plus s'occuper que des moyens de se débarrasser de ce ferment, soit en l'évacuant, soit en le centralisant, pour préserver ses malades des symptômes de malignité. C'est dans l'article qu'il consacre au traitement de la dyssenterie que cet auteur montre combien ses idées sur cette maladie avaient peu de fixité, et qu'il dévoile toutes ses incertitudes, toutes ses tribulations. « Il y a peu de maladies aiguës, dit-il, moins redevables à la nature, quant à la guérison, et qui soient accompagnées d'indications plus trompeuses. L'hémorragie paraît exiger des saignées réitérées ; le flux de ventre, des astringents violents; et les douleurs dans les intestins, des opiats con-

tinuels. Cependant, si l'on ne se sert de ces remèdes avec la dernière précaution, ils tendent plutôt à maintenir la maladie qu'à la guérir. D'un
autre côté, on condamnait tout à fait les émétiques et les purgations, ou bien on s'en servait
trop peu; cependant les dernières expériences
font voir qu'ils composent la principale partie du
traitement de cette maladie. »

Pour tracer les règles à suivre, il y distingue
trois états : le premier, quand elle est récente et
que le malade peut supporter les évacuations; le
second, lorsqu'elle est d'une nature fâcheuse avec
prostration des forces, ou lorsqu'elle est passée à
la chronicité; le troisième, lorsque le malade,
quoique se rétablissant, présente encore quelques symptômes consécutifs.

« Dans le premier état, dit-il, je commence par
une saignée modérée, quoiqu'il puisse être vrai
que la dyssenterie n'exige pas d'elle-même cette
évacuation; mais, comme cette maladie est en
partie inflammatoire, et souvent accompagnée
d'une pléthore, la saignée devient quelquefois
indispensable, et, en général, elle contribue à la
guérison. Cependant, à moins que la fièvre ne
soit entretenue par quelque inflammation qui
n'appartient point à cette maladie, comme cela
arrive souvent en hiver ou au printemps, il est
inutile ou même dangereux de la réitérer,

comme on peut l'observer dans la plupart des maladies qui viennent d'une cause putride; j'omets entièrement cette évacuation dans les tempéraments faibles, et quand il y a peu de symptômes de fièvre.» (*Observations sur les maladies des armées*, partie III, chap. 6, page 233.)

Le jour même de la saignée, il donnait l'ipécacuana seul, ou mêlé avec le tartre stibié, de manière à obtenir un effet vomitif et purgatif : si les évacuations avaient été trop peu abondantes, il prescrivait pour le lendemain le mercure doux et la rhubarbe, et se réglait, pour répéter ses purgatifs, sur la persistance du ténesme et sur l'abondance des matières évacuées, plutôt que sur le nombre des selles.

Comme on le voit, Pringle saignait bien moins dans la dyssenterie que Sydenham, et ses opinions ont dû éloigner de plus en plus les praticiens de cette opération.

Pringle, toutefois, reconnaissait cette grande vérité, que les maladies épidémiques sont de même nature que les autres. « J'ose assurer, dit-il, que toutes les dyssenteries épidémiques que j'ai vues à l'armée étaient de la même nature. Le docteur Huck et d'autres médecins employés depuis la première guerre, non-seulement en Allemagne, mais à Minorque, en Amérique et aux Indes occidentales, m'ont assuré que cette maladie paraissait dans des pays et des climats si différents, avec ces mêmes symptômes plus ou moins violents selon la chaleur, et que dans tous ces pays elle cédait aux mêmes remèdes dont on avait auparavant remarqué le plus de succès dans les hôpitaux militaires. J'ajoute qu'en Écosse et ici, toutes les fois que j'ai eu à traiter ces flux, je ne me suis jamais aperçu qu'ils exigeaient une méthode différente. »

Le docteur Huck, dont il est ici question, traitait, au rapport de Pringle, ses dyssenteries de la manière suivante :

« Si le malade a de la fièvre, ou s'il est pléthorique, je commence toujours par la saignée ; si les douleurs fixes et la fièvre paraissent indiquer une inflammation considérable, je la réitère. J'ai pensé que la meilleure méthode pour nettoyer les premières voies était de prendre quatre ou cinq grains d'ipécacuana, avec un grain de tartre émétique, sans boire après cette dose, et de la laisser travailler. On la réitère en deux heures, et le malade prend alors une infusion de fleurs de camomille pour laver l'estomac.

« Le mal d'estomac, la bouche mauvaise, les étourdissements, les chaleurs d'entrailles et les tranchées, sont des raisons pour réitérer le vomitif quelqu'un des jours suivants. Si, après cela, l'estomac ne paraissait pas beaucoup dérangé,

2

j'avais coutume de purger avec deux onces de manne et une once de sel de Glauber. »

Pourquoi faut-il que ce praticien, qui a si bien compris que toutes les dyssenteries épidémiques étaient de la même nature, et qui semble avoir aperçu l'avantage des saignées générales plus ou moins répétées, n'a-t-il pas senti qu'elles seules opèrent la guérison malgré tous les émétiques et les purgatifs qu'il avait l'imprudence d'administrer immédiatement après la phlébotomie, même sans faire boire les malades, comme on a coutume de le faire, pour tempérer leur action irritante?

Remarquons, en passant, combien le traitement de ce médecin avait d'analogie avec celui des contre-stimulistes, qui, en même temps qu'ils répètent la saignée, prodiguent les drogues les plus incendiaires.

Dans un seul cas de dyssenterie traité à Mantoue par le contre-stimuliste J.-J. Pizani, (voyez-en l'observation, t. VII, p. 76 des *Annales de la méd. phys.*), on voit qu'il a fait pratiquer cinq saignées pour détruire l'effet de douze grains de tartre stibié, sept onces de crème de tartre et cinq ou six gros de poudre de jalap : de manière qu'on a peine à comprendre, avec Broussais (1),

---

(1) Si Broussais n'a pas compris comment quelques ma-

comment les malades peuvent surmonter quelquefois les dangers d'un pareil traitement, qu'on
ne peut lire sans frémir; aussi, après l'avoir ana-
lysé, le professeur du Val-de-Grâce s'écrie-t-il
avec un juste sentiment d'indignation :

« Quel tableau, grand Dieu ! Si l'on plaçait en
regard celui que tracent les toxicologistes, de
l'empoisonnement par les substances irritantes,
où serait la différence ! »

Concluons donc que Pringle et ses collabora-
teurs n'ont fait qu'un faible usage de la saignée
générale, qu'ils en ont même neutralisé les bons
effets par l'emploi intempestif des remèdes les
plus opposés, et qu'il a imprimé la direction la
plus fâcheuse aux médecins qui sont venus après
lui et qui l'ont pris pour guide.

Zimmermann, dont l'autorité s'est également
exercée sur la plupart des praticiens jusqu'à nos
jours, ne voyait, par suite de l'opinion qu'il avait
sur la nature de la dyssenterie, qu'une indication
capitale à remplir, celle d'évacuer les humeurs
peccantes. Voici comment il s'exprime :

« Une matière bilieuse, pourrie, corrompue,
enfermée dans les cellules intestinales, irrite si

---

lades surmontaient les dangers de ce traitement, c'est
qu'il ne se doutait pas de la puissance de la saignée dans
a dyssenterie.

fort ces viscères, que souvent les orifices des vaisseaux sanguins s'ouvrent et laissent passer un sang pur qui se mêle avec les selles, sans qu'il y ait lieu de soupçonner la moindre inflammation aux intestins, et le sang peut couler abondamment sans que les intestins soient attaqués d'abcès. On voit de là pourquoi, lors même que les selles sont réellement sanguines, il ne faut pas craindre de faire sortir la matière bilieuse irritante, avec des vomitifs ou des purgatifs, et pourquoi il arrive si souvent qu'un vomitif fait passer ce flux de sang. » (*Traité de la Dyssenterie*, p. 5o.)

Plus loin il dit : « Il fallait chasser très-promptement du corps l'ennemi qui devenait encore plus redoutable à proportion qu'il y restait plus de temps, et par là on s'opposait efficacement aux progrès de la putridité. » (*Loc. cit.*, c. iv, p. 54.)

Et plus loin : « Le point essentiel était de faire évacuer à tous les malades la matière bilieuse putride le plus tôt possible. » (*Loc. cit.*, chap. v, p. 7o.)

Comme on le voit, cet auteur est encore bien moins favorable à l'usage de la saignée générale que ceux dont je viens de parler. Entièrement soumis aux doctrines humorales du père de la médecine, Zimmermann ne songe guère qu'à évacuer promptement et énergiquement la bile et la pituite, causes, selon lui, de la plupart des dys-

senteries; et, comme il craignait aussi beaucoup
la putridité et la malignité qui devaient survenir
assez souvent chez les malades soumis à son traitement favori, il en résultait qu'il repoussait bien
loin de son esprit la phlébotomie, qui seule, selon
moi, eût pu prévenir ces graves symptômes,
avant-coureurs de la mort, dont il se faisait des
êtres ontologiques.

Toutefois, en lisant avec attention l'ouvrage
de Zimmermann sur la dyssenterie, on y trouve
des aperçus ingénieux, des idées heureuses, et
surtout des aveux précieux; c'est ainsi, par
exemple, qu'il finit par reconnaître que le tama-
rin, la crème de tartre et autres minoratifs doux,
sont bien préférables à la rhubarbe, au jalap, et
à tous les purgatifs âcres, dont l'action est trop
énergique au commencement de la maladie. C'est
ainsi qu'après avoir tourmenté le tube digestif
par ses émétiques et ses purgatifs, il se hâte de
le calmer par des boissons adoucissantes, telles
que l'infusion de graine de lin, les émulsions
d'amandes, et par des lavements avec la gomme
arabique, moyens auxquels il joignait quelquefois
l'usage de l'opium, bien qu'il ne lui accordât pas
une si grande confiance que Sydenham.

C'est ainsi, enfin, qu'il s'élève avec vigueur
contre l'usage des astringents, du vin pur, de
l'eau-de-vie, du poivre et d'autres excitants aux-

quels les malades du peuple avaient trop souvent recours, d'après des préjugés accrédités en Suisse.

Ce médecin philanthrope ne s'élève pas avec moins de raison contre les charlatans, qui empoisonnent, dit-il, les dyssentériques par une foule de spécifiques plus ou moins dangereux ; il faut en voir l'énumération dans le chapitre qu'il leur consacre et qu'on ne peut lire sans sourire de pitié.

Parmi les nombreuses espèces de dyssenteries que Zimmermann admet, il en reconnaît cependant une, de nature essentiellement inflammatoire, où la saignée est utile ; et tout ce qu'il dit sur cette espèce et sur son traitement est plein de sagesse et de raison : malheureusement il la regardait comme très-rare et exceptionnelle, toujours préoccupé qu'il était de la bile et de la pituite fatiguant les intestins, et qu'il craignait de voir rentrer dans les secondes voies pour y causer des métastases mortelles.

Parlerai-je de l'opinion du grand Linné, qui attribuait la dyssenterie à des insectes qu'il nommait *scabies intestinorum*, comme on peut le voir t. II, p. 31 de l'ouvrage de Pringle ?

M'arrêterai-je davantage à Stoll, qui la regardait comme un rhumatisme des intestins, renouvelant ainsi l'opinion de Cœlius Aurelianus ?

A celle de Sauvages, qui définit la dyssenterie

frequens torminosa mucoso cruenta alvi dejec-tio, et qui la croit due à l'acrimonie corrosive de la mucosité que sécrètent les intestins, à la phlogose de ces organes et à l'épanchement du sang dans ces cavités?

Tous ces auteurs, et beaucoup d'autres, ayant bien peu modifié le traitement de la dyssenterie, ne doivent pas fixer trop longtemps notre attention.

Je ne crois pas, cependant, pouvoir passer au temps actuel sans faire mention de Cullen, qui, d'après Hoffmann, rangeait la dyssenterie parmi les maladies spasmodiques, et l'attribuait à une constriction extraordinaire du colon, ce qui est peu surprenant si on considère la tendance que ce médecin avait déjà pour la névropathie, secte nouvelle qui semble s'accroître de jour en jour, au grand préjudice de l'humanité. En effet, cette doctrine qui semble emprunter quelque chose de vague à la métaphysique, plaçant presque toutes les causes des maladies dans les nerfs, ne peut conduire qu'à la pratique la plus erronée et la plus stérile, en faisant négliger des lésions réelles dans les membranes de rapport et dans les viscères, pour ne poursuivre que certains éléments chimériques ou inaccessibles, dans les tissus nerveux profondément cachés sous les autres tissus, par de prétendus antispasmodiques, qui n'ont

souvent d'autre effet que d'exaspérer la souf-
france des organes malades.

Un défaut capital de tous les auteurs anciens
et de plusieurs modernes, on peut même dire
une *très-grande erreur*, c'est qu'ils reconnaissent et admettent une foule d'espèces de dyssenteries, comme autant de maladies différentes qui
demandent des traitements divers.

- Sauvages en décrit vingt formes; Stoll, Zimmermann, Franck reconnaissent des dyssenteries
inflammatoires, bilieuses, putrides, malignes, et
Fournier et Vaidy y ajoutent encore les formes
muqueuse et typhoïde (art. DYSSENTERIE du *Dict.
des sciences médicales*, par Fournier et Vaidy).
Si on joint à cela une foule de complications avec
d'autres maladies, également admises par les auteurs, on a un véritable chaos où il est bien difficile de se reconnaître.

Heureusement cette division, tout à fait arbi-
traire et scolastique, n'est point dans la nature,
la dyssenterie étant toujours une seule et même
maladie qui doit être toujours traitée à peu près
de la même manière, malgré la variété de quelques symptômes, qui ne sont qu'accessoires et
qui ne dépendent que de circonstances particu-
lières.

J'admets seulement encore que la dyssenterie
peut être compliquée d'autres maladies, et que

cette complication doit la rendre plus ou moins grave, ainsi qu'on l'observe souvent aux armées et dans les hôpitaux militaires, où elle se joint souvent, ainsi que le faisait déjà remarquer Pringle, aux fièvres qu'il nommait putrides et au typhus.

Je conçois enfin que la constitution régnante, sans qu'on puisse trop s'en rendre compte, peut cependant lui imprimer un caractère de gravité particulier, surtout quand elle est épidémique, et la rendre plus ou moins rebelle, sans qu'elle change absolument de nature et sans qu'on en doive changer essentiellement le traitement. Ce qui prouverait que réellement la dyssenterie, quand elle est épidémique, est plus violente, c'est que, d'après MM. Thomas, Chomel, Andral, Guérétin, Joly et autres, elle est plus promptement suivie de la désorganisation ulcéreuse, ce qui n'est pas un motif pour changer le fond du traitement, mais une puissante raison de la combattre de bonne heure et avec énergie. Cette influence de la constitution médicale, constatée par tous les observateurs, et qui n'en est pas moins positive parce qu'elle est difficile à comprendre, n'est d'ailleurs pas plus surprenante que le fait qui établit que toutes les épidémies, à leur début, sont beaucoup plus meurtrières qu'elles ne le sont plus tard, ainsi que l'exprime si bien Sydenham :

« Il faut encore observer que toutes les maladies épidémiques semblent avoir, autant qu'on peut juger par leurs phénomènes, un principe plus spiritueux et plus subtil quand elles commencent que quand elles sont déjà avancées, et que plus elles tendent à leur fin, plus ce principe devient grossier ; car, quelle que soit la nature des particules morbifiques qui, étant mêlées avec l'air, forment une constitution épidémique, toujours ne peut-on s'empêcher de reconnaître qu'elles sont plus capables d'agir puissamment, lorsqu'elles commencent à se faire sentir, que lorsque le temps les a affaiblies. »

Plus loin il ajoute : « De même, dans la dyssenterie dont nous parlons, tous les symptômes étaient plus cruels quand la maladie commença. »

Mes observations sur ce point sont parfaitement d'accord avec celles de ce grand médecin. Tous les militaires qui furent frappés les premiers de la fièvre jaune, que j'observai en Espagne, succombèrent en très-peu de temps ; et les dix premiers cas de choléra asiatique qui se présentèrent à l'hôpital militaire de Cambrai, en 1832, se terminèrent promptement par la mort, tandis que plus tard je parvins à en guérir un peu plus de la moitié.

Ici se présente naturellement l'importante question de la contagion de la dyssenterie. « Le

développement simultané ou successif de la dyssenterie chez un grand nombre d'individus, di-
sent MM. Chomel et Blache, a conduit beaucoup
de médecins à la ranger parmi les maladies con-
tagieuses. Cette opinion est celle de Lind, de
Pringle, de Degner, de Zimmermann, de Cullen,
de Franck, d'Hoffmann, de Bosquillon, de Coste,
de Pinel, de Desgenettes, de Gilbert, de Latour,
de Laudibert, et de tous les médecins enfin qui,
plus récemment, ont observé la dyssenterie épidémique; et chacun d'eux a cité des faits qui
semblent effectivement établir la contagion. L'observation journalière est loin d'être favorable à
cette opinion, du moins relativement à la dyssenterie sporadique. » (*Dictionnaire de médecine,*
2ᵉ édition.)

Il est bien reconnu aujourd'hui que, quand
cette maladie ne règne que sporadiquement, elle
n'est jamais contagieuse; mais il n'en est plus de
même quand elle règne épidémiquement. La so-
lution de cette question présente alors de grandes
difficultés, parce que les auteurs ont négligé de
distinguer la contagion de l'infection.

Mon opinion particulière est que la dyssenterie
ne se répand et ne se propage que par infection,
et que la contagion, dans le sens propre de ce
mot, n'est qu'une chimère.

Opinions des médecins de nos jours sur la nature et le traitement de la dyssenterie.

A Pinel appartient la gloire d'avoir, le premier, classé la dyssenterie parmi les phlegmasies des membranes muqueuses : ce qui aurait dû le conduire au traitement le plus rationnel de cette maladie; tandis que, par une inconséquence qui se comprend difficilement de la part d'un tel homme, il continua les errements de ses prédécesseurs, en négligeant totalement les émissions sanguines, et en prodiguant les émétiques, les purgatifs et autres excitants, ainsi qu'on peut le voir dans sa *Nosographie* et dans sa *Médecine clinique*, où on lit l'observation d'une dyssenterie qu'il nomme adynamique, comme pour consoler son amour-propre de ses revers. En analysant l'action des moyens mis en usage par Pinel dans ces occasions, le médecin physiologiste est peu surpris que, sous leur influence, la maladie soit devenue adynamique, et par suite mortelle.

Enfin Broussais parut plein des belles idées de Bordeu, de Bichat, peut-être même de Pinel, et bientôt une immense révolution s'opéra en médecine, dont toutes les parties s'éclairèrent d'un jour tout nouveau.

Parmi les grandes vérités proclamées par cet

illustre médecin, on doit mettre en première ligne celle de la localisation de la plupart des maladies, ce qui les fit dès lors étudier dans les organes mêmes qui en sont le siége, et contribua beaucoup à chasser du champ de la science ces chimères ontologiques qui le peuplaient avant l'apparition de la nouvelle doctrine.

Une autre vérité non moins importante, et qu'il n'a cessé de répéter dans l'intérêt de l'humanité, c'est qu'aucun système d'organes n'est plus sujet à l'irritation et à la phlogose que le tube digestif, et principalement ses surfaces muqueuses, qui sont constamment en rapport avec une foule d'excitants directs ou sympathiques.

Dès lors, il ne lui fut pas difficile de reconnaître que, si la partie supérieure de cet immense et étroit conduit est souvent enflammée, sa partie inférieure ne l'est pas moins, et que cette phlogose n'entraîne pas des conséquences moins fâcheuses, si elle n'est arrêtée avant qu'elle ait altéré les tissus.

Plus conséquent avec lui-même que Pinel, après avoir montré que la dyssenterie n'est qu'une colite aiguë fort étendue et exagérée, Broussais flagelle impitoyablement les partisans de l'ipécacuana et de tous les autres moyens incendiaires opposés jusque-là à la dyssenterie, et propose enfin un traitement simple, efficace et rationnel, parce qu'il est en rapport avec sa nature inflammatoire.

Il n'aurait rien manqué à la gloire de Broussais, sur ce point de la pathologie comme sur tant d'autres, si, trop préoccupé de la localisation des maladies, et, dès lors, trop esclave de sa médication favorite par les sangsues, il n'eût, pour ainsi dire, chassé de sa thérapeutique la saignée générale. Broussais, on ne saurait le méconnaître, s'est trop souvent élevé dans ses ouvrages contre la plus puissante médication que l'homme de l'art puisse employer pour combattre la plupart des maladies aiguës.

La pensée de Broussais est exprimée tout entière dans le passage suivant, en réponse à M. Prion, de Nantes, qui lui avait adressé des observations curieuses sur les bons effets des saignées générales abondantes et répétées, dans le traitement de plusieurs maladies graves.

« M. Prion, dit Broussais, ne prouvera jamais, par la pratique, qu'il y ait plus d'inconvénients à attaquer les phlegmasies dans le lieu même où elles prennent naissance, ou du moins dans la région de la peau qui en est le plus rapprochée, qu'il n'y en a à débiliter les malades par des saignées générales, qu'il faut pousser jusqu'à l'excès pour atteindre un point circonscrit d'inflammation. » (*Annales de la méd. phys.*, t. IX, p. 231.)

En méditant sur ce passage remarquable, il est impossible de n'être pas surpris de voir Broussais ne considérer la saignée que comme déplétive, c'est-à-dire que comme un moyen de soustraire une certaine quantité de sang à la circulation générale , mais très-peu à la partie enflammée , cette quantité devant se répartir entre tous les organes du corps.

Cette doctrine, reproduite par Pinel et M. Bricheteau, a trouvé dernièrement dans M. le docteur Polinière un partisan des plus distingués. Selon lui, les saignées générales ne constituent jamais que le moyen de diminuer la quantité de sang, et, par cela même, l'intensité des congestions locales; d'où il résulte que les saignées révulsives et dérivatives n'existent pas.

Et cependant, s'il en était ainsi, on se demande pourquoi l'hémorragie intestinale, dans certaines dyssenteries, ne produit pas l'effet de la saignée, et pourquoi il faut employer celle-ci pour arrêter celle-là , quelque abondante qu'elle soit? Si la saignée n'était que déplétive, toute hémorragie devrait trouver son remède en elle-même, et il serait indifférent de tirer le sang par tel ou tel vaisseau, de telle ou telle manière.

Je pense, au contraire, que le choix de la veine qu'on doit ouvrir et le mode de soustraction du sang ne sont rien moins qu'indifférents. Dans la dyssenterie, par exemple, il faut, pour des raisons faciles à comprendre, ouvrir plutôt la veine du bras que celle du pied ; il faut surtout l'ouvrir largement et de manière que la soustraction du fluide sanguin soit rapide.

Pourquoi la révulsion ne serait-elle pas soumise aux lois de l'hydraulique comme la vision l'est évidemment à celles de l'optique ?

L'opinion que je combats conduit naturellement à traiter fort mal une classe nombreuse de maladies très-graves, je veux parler des hémorragies internes, qui entraînent souvent la mort, si on néglige la révulsion par les saignées générales, comme on peut en voir un exemple terrible dans le recueil des mémoires de médecine militaire, tome XVI, page 265 et suivantes. Quelles tristes réflexions ne fait pas naître en nous la lecture de cette observation et des remarques qui l'accompagnent !

Pour tous les praticiens que n'aveugle pas la prévention, la saignée générale agit non-seulement en diminuant la quantité de liquide qui circule dans les gros vaisseaux, mais encore, 1° comme un puissant dérivatif, et c'est principalement de la sorte que je conçois qu'elle produit des effets si prompts et si avantageux dans la dyssenterie ; 2° en tempérant la surexcitation sympathique du cœur, en diminuant le mouvement fébrile, enfin en ralentissant la circulation, qui présente alors moins de sang à l'organe malade; 3° en modifiant même la qualité du fluide sanguin qui, d'après Magendie, est d'autant plus excitant qu'il est plus oxygéné; or il est d'autant plus oxygéné qu'il circule plus vite, et qu'il est plus souvent mis en contact avec l'air dans les cellules pulmonaires.

D'un autre côté, Broussais ne faisait pas attention que tout le sang tiré par les sangsues n'est pas non plus soustrait au seul organe malade, et qu'il doit être immédiatement remplacé, du moins en grande partie, par celui des capillaires voisins.

Il ne tenait pas davantage compte de l'inconvénient plus ou moins grave des piqûres de sangsues, toujours assez douloureuses quand elles sont placées en grand nombre, dans certains rayons, pour accélérer la circulation et même quelquefois provoquer un mouvement fébrile, sans parler des suites fâcheuses qu'elles peuvent avoir dans quelques circonstances.

« Enlever les colites commençantes par des applications de sangsues au lieu convenable, c'est anéantir des épidémies de dyssenterie. » Tel est, sur ce point, le résumé de la doctrine de Broussais; et telle a été la puissance de sa parole, que dès lors on ne songea plus à attaquer ces redoutables maladies que par des masses de sangsues.

Les médecins même les plus opposés à cette médication la conseillaient cependant, comme étant d'une incontestable utilité.

Depuis Broussais, on a généralement admis la phlegmasie du gros intestin comme constituant seule la lésion : mais plus tard, lorsque s'éleva la nouvelle école anatomo-pathologique, de même que dans les inflammations de l'estomac, des intestins, du pharynx, etc., elle en distingua de spéciales; de même, elle voulut établir une distinction entre la dyssenterie et une simple inflammation du rectum, du colon et du cæcum.

« Pour nous aussi, dit M. Thomas, la dyssenterie est une colite, ou, pour parler plus exactement, une phlegmasie du colon, du rectum et du cæcum, mais une phlegmasie spéciale. » Erreur très-grave, selon moi, parce qu'elle tend à faire chercher, pour la combattre, des spécifiques, tandis que la méthode que je propose a des succès toujours faciles et constants.

M. Thomas donne en ces termes les caractères anatomiques de la dyssenterie : « La dyssenterie a son siége dans le gros intestin, et les lésions qu'elle y développe s'étendent du rectum vers le cæcum ; c'est une phlegmasie des plus violentes, promptement suivie de l'ulcération et de la destruction des tissus qu'elle envahit.

« La membrane muqueuse du gros intestin

présente, dès le huitième jour, de petites ulcérations arrondies qui, les jours suivants, s'étendent,
se réunissent , forment des ulcères irréguliers, à
bord taillés à pic ; cette membrane est détruite
dans toute son épaisseur ; le fond de la surface
ulcérée est formé par le tissu cellulaire sous-
jacent, etc. »

Plus loin, il ajoute : « La muqueuse est promptement envahie par des ulcérations si nombreuses,
si tranchées, si bien caractérisées, que j'ai trouvées
dans toutes les nécropsies que j'ai faites, que
j'admets comme un fait incontestable que l'ulcération de la muqueuse est un caractère aussi essentiel dans la dyssenterie que les phlyctènes
dans l'érysipèle, le bourbillon dans le furoncle ,
le pus dans la phlegmasie du tissu cellulaire. »

Cette opinion me paraît exagérée en ce qu'elle
présente, comme essentielles et se produisant dès
le début de la maladie , des ulcérations que la
plupart des observateurs ne signalent que lorsque
la dyssenterie est devenue chronique.

Quoi qu'il en soit, ces recherches sont plus
intéressantes qu'utiles pour le traitement ; car
enfin ces ulcères, s'ils se forment si promptement, n'en sont pas moins précédés d'une inflammation très-violente du gros intestin, qu'il faut
traiter d'autant plus vite et avec d'autant plus
d'énergie qu'elle devient si tôt désorganisatrice.

Sans s'expliquer sur sa nature, M. Andral range les dyssenteries parmi les lésions de sécrétions du tube digestif, et il varie sa médication selon la forme que présente la maladie : ainsi les émissions sanguines, lorsqu'il y a phénomènes généraux d'inflammation ; des évacuations par le haut et par le bas, dans la dyssenterie qui offre quelques caractères bilieux ; les astringents et les toniques, si elle se présente avec prostration des forces (1). (*Cours de pathologie*, pag. 99.)

M. Mondière a tout récemment émis l'opinion que, dans la dyssenterie, le sang se dépouillait de son albumine ; ce qui l'a conduit à faire paraître, dans le journal *l'Expérience*, un mémoire sur le traitement de cette affection que, selon lui, l'albumine guérit, comme le sulfate de quinine guérit la fièvre intermittente.

On conçoit que l'emploi de l'albumine peut ne pas nuire dans cette maladie ; mais s'en rapporter à son action pour éteindre la phlegmasie qui dévore les tissus intestinaux, ne serait-ce pas imiter la dangereuse expectation de l'homœopathie ? Du reste, M. Bodin de la Pichonnerie avait déjà proposé ce moyen en 1835.

____

(1) Alors ce praticien doit les employer souvent, la dysenterie étant toujours accompagnée d'une certaine prostration des forces.

Le plus grand nombre des médecins contemporains ont donc adopté la méthode thérapeutique de l'école physiologique ; les autres se sont jetés dans un éclectisme que je crois bien peu favorable au traitement de la maladie qui nous occupe ; et tous, quand ils croient devoir tirer du sang, donnent généralement la préférence aux émissions sanguines locales, n'employant la saignée générale que dans des cas rares, chez des sujets forts, robustes, sanguins, où la maladie a un caractère inflammatoire et où elle est compliquée de la phlogose d'un autre organe.

« Les évacuations sanguines, dit M. Chomel, ne sont pas ordinairement nécessaires dans la dyssenterie ; elles ne le deviennent que dans les cas où la suppression d'une hémorragie habituelle, la constitution pléthorique du sujet, la fréquence du pouls les indiquent ; elles doivent précéder l'administration de l'opium ; les saignées locales sont alors généralement préférables à l'ouverture de la veine. » (*Dict. de méd.*, art. DYSSENTERIE.)

Lorsque cette maladie est accompagnée, dès son principe, de prostration des forces et de sécheresse de la langue, M. Chomel croit les évacuations sanguines nuisibles, et conseille le quinquina, le simarouba, le cachou, le ratanhia, le diascordium, etc.

Je n'ai pas besoin de m'expliquer sur ces préceptes ; je n'ai cité ce passage que pour faire sentir le danger d'un tel traitement.

« Dans la colite épidémique provenant des miasmes et des émanations marécageuses, dit Boisseau, les émissions sanguines sont moins indiquées ; mais il faut nécessairement recourir à la diète absolue, aux boissons émollientes et aux irritants de la peau. »

Rien de plus dangereux que de tels conseils; la colite épidémique devant être attaquée promptement et énergiquement par les émissions sanguines, pour prévenir l'altération des tissus qui en est si souvent la suite.

« Mais quelles que soient les circonstances qui ont donné lieu à la colite épidémique, dit encore le même auteur, dès que les symptômes sont *fort intenses*, et pour peu que la constitution du sujet ne soit pas détériorée par des maladies antérieures, il ne faut pas hésiter dans l'application des sangsues à l'anus ; il suffit d'en mettre un moins grand nombre pour obvier à tout inconvénient. » (*Nosographie organique*, t. I, p. 607.)

Oui, mais le plus grand inconvénient serait de laisser mourir le malade, ce qui arriverait indubitablement si l'on ne prévenait la désorganisation des tissus , tout aussi prompte et peut-être plus facile chez les sujets faibles et délicats , s'ils étaient traités avec trop de mollesse.

« C'est à tort, dit George Baker, que l'on craint d'affaiblir le malade lorsqu'il s'agit de la vie. »

M. le professeur Bouillaud lui-même, si digne continuateur du chef de la doctrine rationnelle, et qui a si bien compris tout le parti qu'on peut tirer des saignées générales, répétées coup sur coup, dans les inflammations aiguës des grands viscères parenchymateux, ne traite que par les sangsues les divers cas de colite qu'il cite dans sa clinique.

M. Polinière, dans l'ouvrage cité, n'est pas plus favorable à la saignée générale dans la dyssenterie. « L'emploi des évacuations sanguines dans le début de cette maladie, dit-il, a été préconisé par les auteurs les plus capables de servir d'autorité, tels que Zimmermann, Sydenham, Pringle, Huxham, Monro, etc. Mais peu familiarisés avec les effets de la saignée capillaire, c'était à la phlébotomie qu'ils avaient recours. » (On a vu plus haut l'usage qu'ils en faisaient.) « Cette dernière ne nous semble préférable que chez les sujets *vigoureux, jeunes, sanguins,* pour enlever d'abord la complication qui résulte d'un état pléthorique ; puis il convient d'en venir à la saignée locale *principalement bonne et efficace dans les phlegmasies* des membranes muqueuses. »

M. Polinière cite ensuite plusieurs observations

de dyssenterie, où il a mis en pratique ces prin-
cipes thérapeutiques, tout à fait conformes à ceux
de l'école de Broussais, en traitant la plupart de
ses malades par des applications de sangsues.
Il fait cependant mention d'un cas où il a employé deux saignées générales de cinq cents grammes, pratique dont il a grand soin de se justifier
en insistant sur la constitution spéciale du sujet.

« La fréquence des déjections dyssentériques,
dit-il, et l'épaisseur des téguments abdominaux
chargés de graisse, s'opposent à ce que je fasse
placer des sangsues, soit à l'anus, soit sur les
parois du ventre. D'ailleurs, la soif, la plénitude
du pouls qui est fréquent et dur, l'ardeur que le
malade éprouve dans la région vésicale et les
voies alvines, la rougeur de la langue, l'injection
des conjonctives et la céphalalgie intense, indiquent le besoin d'une prompte et considérable
déplétion du grand système circulatoire. »

La saignée générale, toutefois, a été employée
avec plus d'énergie et de méthode que nous ne
l'avons vu jusqu'ici. Dans le *Compendium de médecine pratique* de MM. Monneret et Fleury, on
lit que le docteur O'halloran, pendant une épidémie de dyssenterie qui sévit à Gibraltar sur
les troupes anglaises, ouvrait la veine aux malades horizontalement couchés, et laissait couler
le sang jusqu'à la syncope. Il en retirait, de cette

manière, jusqu'à deux mille grammes ; et si, le trentième jour, la guérison n'était pas assurée, il y revenait une seconde fois.

Dans une épidémie qui a régné à Tubingen, une saignée de cent cinquante à deux cents grammes, pratiquée aussitôt le début de la dyssenterie, sans égard pour l'état du pouls, soulageait presque toujours tellement le malade, que le plus souvent la guérison s'ensuivait ; il suffisait, pour l'assurer, de l'usage de boissons adoucissantes et mucilagineuses.

Ces deux traitements diffèrent de celui que je propose. Le premier est trop étrange pour être discuté : on n'égorge pas des malades sous prétexte de la guérison. Le second serait insuffisant : une seule saignée de deux cents grammes ne peut faire avorter les dyssenteries, pour peu qu'elles aient d'intensité, et prévenir des désorganisations qui menacent de se produire. Faire trop peu en médecine équivaut presque à faire mal.

Il résulte, des recherches auxquelles je viens de me livrer, que, si nos prédécesseurs, à l'exemple de Sydenham, ont parfois employé les saignées générales contre la dyssenterie, ils ne l'ont fait qu'avec timidité, comme pratique exceptionnelle, et que, parmi nos contemporains les plus sages, les saignées locales avaient une telle vogue, qu'elles étaient presque exclusivement employées.

J'étais moi-même tellement poussé dans cette direction, qu'à Mahon, où je fus chargé en chef du service médical en 1830, et où nous eûmes beaucoup de dyssenteries, il ne me vint même pas l'idée de remplacer les sangsues, qui nous manquèrent, par la lancette, qui ne manque jamais.

Il ne me fallait rien moins que les revers que j'éprouvai l'année dernière, malgré le large emploi des sangsues, pour me faire sortir de l'ornière où j'étais engagé, et me faire comprendre qu'on peut toujours se passer de saignées capillaires locales dans le traitement de la dyssenterie, ou du moins ne les employer que comme des moyens auxiliaires, et dans des cas exceptionnels, comme auparavant on se servait de la saignée.

Mais laissons parler les faits toujours plus éloquents sur les bons esprits que des phrases plus ou moins sonores. « Ce que nous devons rechercher dans les sciences, dit Broussais, c'est la vérité, et la vérité est dans les faits; l'art de constater les faits est donc l'art de rechercher la vérité, et c'est le seul éclectisme qu'un esprit juste puisse adopter. »

De la dyssenterie qui a régné à l'hôpital militaire de Lyon, en 1839.

Les militaires atteints de dyssenterie intense ont été assez nombreux, l'année dernière, pour faire penser que cette redoutable maladie a été le produit d'une constitution médicale particulière. Peut-on dire, cependant, qu'il y a eu véritablement dyssenterie épidémique? Ne voulant pas abuser du sens des mots, je réponds par la négative; c'était tout simplement, une maladie ordinaire, développée chez beaucoup de sujets soumis aux mêmes influences hygiéniques.

Quoi qu'il en soit, nous en vîmes paraître quelques cas dès le commencement de juillet; ils devinrent beaucoup plus fréquents en août, et surtout en septembre, où la maladie prit un caractère de gravité peu commun, et s'accompagnant d'un flux sanguin dont l'abondance atteste toujours que la phlegmasie est très-étendue et très-intense.

J'employai dans le principe le traitement antiphlogistique ordinaire avec lequel je réussissais assez souvent. Cependant quelques malades ne guérissaient que lentement et avec beaucoup de difficultés; d'autres passaient à l'état chronique, et on sait ce qui leur advenait plus tard; enfin un jeune homme succomba dans l'état aigu, ce qui me conduisit à comprendre toute l'insuffisance du traitement généralement suivi.

PREMIÈRE OBSERVATION.

Dyssenterie hémorragique, traitée par les sangsues et terminée par la mort.

D***, soldat au 31ᵉ régiment de ligne, après trois jours d'invasion, entre à l'hôpital, le 21 juillet 1839, atteint d'une dyssenterie hémorragique présentant les symptômes suivants : douleurs abdominales insupportables avec envies continuelles d'aller à la selle; ténesmes violents, le malade ne rendant que du sang pur, après de grands efforts; pouls petit, serré, fréquent. Je prescris, à ma visite du soir, trente sangsues, tant au fondement qu'à la région iliaque gauche; eau de riz, deux potions gommeuses et un large cataplasme laudanisé sur l'abdomen, pour la nuit.

Le 22, mêmes symptômes; les douleurs et l'agitation continuent, le sang coule hémorragiquement : trente sangsues à l'anus; même boisson, mêmes potions; deux bains de siége de longue durée dans la journée.

Le 23, même état : continuation de la diète absolue; même traitement; trente sangsues sur tout le trajet du colon; deux demi-lavements.

amylacés-opiacés, dans la journée, et deux bains de siége.

Le 24, les symptômes s'aggravent, le sang pur continue à couler hémorragiquement : vingt-cinq sangsues à l'anus ; même boisson, deux potions gommeuses simples, deux potions gommeuses opiacées, deux demi-lavements amylacés-opiacés ; continuation des cataplasmes sur le ventre.

Le 25, l'état de D*** n'est rien moins qu'amélioré : même boisson, mêmes potions; vingt sangsues à l'anus, quatre ventouses scarifiées sur le trajet du colon, cataplasmes sur le ventre, et le soir un bain.

Le 26, le malade est encore plus mal ; le pouls est plus fréquent et plus concentré, les selles de sang pur coulent presque involontairement : décoction blanche pour boisson, mêmes remèdes, deux ventouses scarifiées sur le ventre, deux quarts de lavement amylacé-opiacé.

Le 27, le sujet est au plus mal ; les selles sont involontaires et l'hémorragie n'a pas cessé : même traitement ; de plus, deux vésicatoires à la partie interne des cuisses : le malade succombe dans la nuit.

A l'autopsie du cadavre, faite vingt heures après la mort, je trouvai du sang dans le rectum et le colon, et des traces non équivoques de la plus violente inflammation de ces organes, sans lésion

organique apparente. Cette autopsie, peu complète, fut faite seulement pour constater l'état des
gros intestins.

Ce malade, malgré le traitement le plus énergique par les sangsues, succomba donc à la vio-
lence de la phlegmasie intestinale et à la congestion hémorragique, qu'une puissante révulsion
aurait pu arrêter; malheureusement, je partageais
alors l'avis général concernant les effets comparés
de la saignée générale et des applications de
sangsues. Mais cette perte, à laquelle je fus très-
sensible, ajoutée au petit nombre des succès la-
borieusement obtenus par la méthode ordinaire,
me conduisit graduellement à l'emploi de la
saignée générale, dont les résultats, jusqu'ici toujours heureux, ont dépassé mes espérances.

DEUXIÈME OBSERVATION.

*Dyssenterie hémorragique, traitée avec succès
par les saignées générales.*

Il y avait à peine quelques jours que je venais
de perdre D***, quand le nommé B***, soldat
au 66ᵉ régiment de ligne, après quatre jours
d'invasion, entre à l'hôpital le 5 août 1839, avec
les symptômes de la dyssenterie la plus violente :
envies continuelles d'aller à la selle, douleurs
abdominales, coliques, épreintes, ténesmes,

évacuations difficiles et douloureuses, ne contenant que quelques matières muqueuses mêlées de sang presque pur; profonde altération des traits de la face; grande agitation; mouvement fébrile considérable avec chaleur à la peau; pouls dur, vite et concentré.

Malgré des apparences trompeuses de faiblesse, je prescris, à ma visite du matin : saignée de 470 grammes; quinze sangsues au fondement; de l'eau de riz gommée à discrétion ; deux potions gommeuses et un demi-lavement amylacé simple. A ma visite du soir, le malade n'est pas plus mal; il a moins de coliques; les selles, moins nombreuses, sont plus faciles et contiennent moins de sang; même traitement pour la nuit.

Le 6, le malade est mieux; il n'a eu que douze selles depuis son entrée, au lieu de quarante à cinquante qu'il avait auparavant en vingt-quatre heures; toutefois, elles sont encore sanguinolentes. Nouvelle saignée égale à la première, même boisson, mêmes remèdes. Le soir, B*** est mieux encore, et la nuit est bonne.

Le 7, l'état du malade est satisfaisant; les selles moins nombreuses, plus consistantes, ne contiennent plus que quelques légères stries de sang : saignée de 300 grammes; bain de siége, même traitement. Amélioration sensible dans la journée; plus de sang dans les selles, qui deviennent de plus en plus rares et sont rendues sans douleur.

La nuit du 7 au 8 est excellente; B*** ne se présente qu'une fois à la chaise de nuit.

Le 8, je le trouve si bien, que je cède au vif désir qu'il m'exprime de prendre quelque nourriture : crème de riz, matin et soir; même boisson, mêmes remèdes.

Dès ce moment, la convalescence assurée ne s'est pas démentie jusqu'au commencement de septembre, époque à laquelle B*** est sorti en parfaite santé.

On comprend qu'après une maladie si grave il a fallu beaucoup de soin pour ne revenir que graduellement à une alimentation convenable.

Voilà le premier cas de dyssenterie grave que j'ai traité par les saignées générales, et bien qu'enchaîné encore par mes anciennes habitudes j'y aie fait une petite application de sangsues, il est évident pour moi que la phlébotomie a fait tous les frais de la guérison. Dès ce moment, j'ai compris tout le parti qu'on pourrait en tirer, non-seulement dans toutes les dyssenteries hémorragiques, mais encore dans les dyssenteries ordinaires et dans toutes les colites aiguës; car, enfin, me suis-je dit, la dyssenterie hémorragique n'est que l'exaspération de la dyssenterie ordinaire, de même que celle-ci n'est que le plus haut degré de la colite aiguë : or qui peut plus peut moins; si donc la saignée générale agit si bien dans la dyssenterie hémorragique, à plus forte raison doit-elle agir mieux encore dans les deux autres, qui ne sont que des phlegmasies moins graves et moins étendues. L'expérience est venue confirmer pleinement ce raisonnement bien simple, et je vais en offrir la preuve.

TROISIÈME OBSERVATION.

Dyssenterie hémorragique, traitée avec succès par les saignées générales.

B*** (Jean), fusilier au 59ᵉ de ligne, âgé de 22 ans, d'un tempérament bilioso-sanguin, entré deux fois à l'hôpital dans le courant de l'année pour une fièvre continue et une bronchite aiguë, fut pris, le 23 août, d'un dévoiement sans coliques, qui paraissait dû à l'action du froid et de l'humidité. Les fatigues du service militaire aggravèrent bientôt l'état de B***; il fut transporté à l'hôpital le 29 août, et il présentait alors les symptômes suivants : traits profondément altérés; yeux abattus; langue rouge et sèche; douleurs vives dans tout le trajet du colon, et particulièrement à la fosse iliaque droite, augmentant par la pression; pouls petit, dur et fréquent; peau sèche et chaude, quoique la soif soit peu vive: selles fréquentes, et de sang

4

pur depuis quatre jours. Saignée de cinq cents grammes; vingt sangsues sur les points douloureux de l'abdomen; eau de riz gommée, deux potions gommeuses, un demi-lavement émollient et un large cataplasme sur le ventre, pour la nuit.

Le 3o, les traits du malade sont encore abattus; il y a faiblesse générale et découragement, mais le ventre est moins douloureux à la pression, la langue moins sèche et la chaleur moins forte; il y a encore du ténesme et des épreintes assez vives, mais les selles, quoique toujours très-liquides, sont moins nombreuses et ne contiennent plus que très-peu de sang; le pouls, quoique fréquent, présente plus de souplesse. Même boisson, mêmes potions, dont une opiacée.

Le 3i, l'état du malade s'est encore amélioré, quoique les selles soient toujours fréquentes et ressemblent à de l'eau légèrement teinte. Nouvelle saignée de trois cent soixante-quinze grammes; même traitement; deux bains de siége dans la journée.

Le 1ᵉʳ septembre, les selles ne contiennent plus de sang, et tous les autres symptômes sont également amendés; le malade demande avec instance quelque nourriture; on lui accorde une crème de riz, et on continue les autres moyens.

Le 2, amélioration plus prononcée : même régime, même boisson, deux potions gommeuses opiacées; bain de siége.

Le 3, l'état du malade est un peu moins satis-faisant; le ventre est redevenu sensible, et les selles plus fréquentes. Diète absolue; même bois-son, mêmes potions; lavement amylacé-opiacé, et un grand bain d'une heure.

Le 4, la douleur du ventre persistant, on re-vient à une application de vingt sangsues à la fosse iliaque droite, et sur le trajet du colon. On continue la diète absolue, l'emploi des mucila-gineux, et de l'opium en potion et en lavements.

Le 5, amélioration sensible; le ventre est moins douloureux, et les selles, moins fréquentes, ac-quièrent un peu de consistance; l'espoir renaît, le malade sent le besoin de manger : crèmes de riz et lait de poule, même boisson, mêmes remèdes.

Le 6, il est mieux encore : même régime, même traitement.

Le 7, l'appétit se faisant vivement sentir, on accorde à B*** le quart des aliments légers qu'il digère facilement.

Dès ce moment, la convalescence se prononce de plus en plus, et rien ne l'a troublée jusqu'à la sortie, qui eut lieu vers la fin de septembre.

On ne peut nier que les deux applications de sangsues qui ont été faites dans le cours de ce

traitement n'aient pu favoriser la guérison :
mais, sans les trois saignées générales qui ont été
pratiquées dans le principe, cette dyssenterie,
peut-être, à son début, plus grave que celle de
D***, se serait-elle terminée par la mort. C'est
un de ces cas compliqués de péritonite dans les-
quels, même aujourd'hui, où je reconnais toute
la puissance de la saignée, j'aurais peut-être encore recours aux sangsues sur les points douloureux du ventre.

QUATRIÈME ET CINQUIÈME OBSERVATIONS.

*Deux dyssenteries hémorragiques traitées avec
succès par les seules saignées générales.*

Après trois jours d'invasion, M*** entre à
l'hôpital, le 7 septembre au soir, atteint d'une
dyssenterie hémorragique des plus violentes,
caractérisée par des envies continuelles d'aller à
la selle, avec coliques très-aiguës, ténesmes,
fièvre ardente et évacuations de sang pur, étant
obligé, à chaque instant, de se présenter à la
garde-robe. Ce militaire étant jeune, fort, sanguin, je lui prescris sur-le-champ une saignée
de six cent vingt-cinq grammes faite rapidement,
de l'eau de riz gommée à discrétion, et une potion gommeuse simple. La nuit même, la gravité des symptômes disparaît ; les envies d'aller

diminuent, et le malade satisfait à ce besoin avec plus de facilité; les selles sont moins nombreuses, plus épaisses, et le sang diminue des deux tiers.

Le 8, nouvelle saignée de 5oo grammes; même traitement, et, de plus, un bain de siége d'une heure et demie.

Le 9, le malade, dans l'état le plus satisfaisant, demande à manger : crème de riz, matin et soir; même traitement, en y ajoutant un demi-lavement amylacé-opiacé et un second bain de siége de deux heures, en ayant soin de l'entretenir dans une douce chaleur.

Le 10 et le 11, même régime, même traitement, en remplaçant le demi-lavement par une potion gommeuse opiacée; amélioration complète.

Le 12, la convalescence paraît assurée. Quart, un œuf et un riz au lait, matin et soir; même traitement.

Le 13, l'appétit se fait tellement sentir et je trouve M*** si bien, que je crois pouvoir lui accorder la demie, des œufs et du riz, matin et soir; il digère ces aliments avec facilité, et, le 14, il sollicite les trois quarts, qui lui sont accordés, pour sortir le 15 en parfaite santé.

J***, soldat au 8ᵉ léger, après trois jours d'invasion, entre, le 10 septembre, à l'hôpital, atteint d'une dyssenterie hémorragique présentant, à peu de chose près, les mêmes caractéres que la précédente; traitée de la même manière, la guérison a été presque aussi facile et aussi prompte, puis-qu'il est sorti de l'hôpital, le 23 du même mois, en parfaite santé.

Je n'ai aucune remarque à faire sur ces observations; elles parlent d'elles-mêmes : n'est-on pas surpris agréablement de voir se guérir, avec tant de facilité et en si peu de temps, deux maladies que Sydenham croyait mortelles, et qui l'auraient peut-être été si on les eût traitées par les seules sangsues ?

Je ferai observer seulement qu'on est à peu près sûr d'obtenir de semblables succès, toutes les fois que la maladie sera attaquée à une époque voisine de son invasion; j'en donnerai bientôt de nouvelles preuves.

SIXIÈME OBSERVATION.

Dyssenterie hémorragique , traitée avec succès par les saignées générales et les sangsues.

M***, tambour au 6e régiment d'infanterie légère, âgé de 35 ans, usé par tous les excès, et surtout par l'abus des liqueurs fortes, après huit jours de souffrances indicibles, entra à l'hôpital le 6 septembre, pour une dyssenterie hémorragique des plus graves et des plus douloureuses. Son état, à son entrée, était tel, qu'on ne pouvait porter qu'un pronostic fàcheux : fièvre violente,

pouls fréquent, petit, concentré; douleurs abdominales intolérables; coliques, ténesmes, cris
plaintifs; le sang coulait pur et involontairement;
le malade était d'une faiblesse à ne pouvoir se
tenir sur ses jambes; les traits étaient profondément altérés. Je prescrivis, à ma visite du soir :
de l'eau de riz gommée; deux potions gommeuses;
une saignée de cinq cents grammes; la nuit fut
laborieuse; cependant les coliques diminuèrent et
le sang devint un peu moins abondant.

Le 7 au matin, je trouvai M*** à peu près
dans le même état, quoiqu'un peu moins souffrant; le pouls s'était légèrement développé.
Nouvelle saignée de quatre cent soixante-dix
grammes; même traitement, de plus un demi-
lavement amylacé-opiacé, et un bain de siége un
peu long. Peu d'heures après cette seconde saignée, le sang cessa de couler hémorragiquement,
on n'apercevait plus que des stries sanguinolentes
dans les selles, qui prirent dès lors le caractère
muqueux.

Le 8, le malade est sensiblement mieux; il n'y
a plus aucune trace de sang dans les selles, qui
devinrent moins fréquentes et un peu plus consistantes. Toutefois il restait encore quelques
douleurs abdominales que je combattis jusqu'au 18, par quatre applications de quinze sangsues à l'anus ou sur les points douloureux de

l'abdomen ; par des potions gommeuses opiacées, des demi-lavements amylacés-opiacés, et surtout des bains.

Du 18 au 25, M*** fut assez bien pour manger des crèmes de riz, puis le quart, œufs et riz ; quand, le 26, la diarrhée s'étant reproduite, sans doute parce qu'il s'était procuré un surcroît d'aliments, je me vis forcé de revenir à la diète absolue, à l'usage de l'opium et aux bains. J'arrivai enfin de nouveau à une véritable convalescence, qui ne se démentit plus jusqu'au 20 octobre, époque à laquelle M*** sortit de l'hôpital.

On voit, dans cette observation, une dyssenterie hémorragique d'autant plus grave qu'elle était déjà ancienne et qu'elle se présentait chez un sujet usé de toutes les manières. Il est probable que cette affection était encore aggravée par l'usage du vin chaud auquel nos militaires ont la dangereuse habitude de recourir au début de la plupart des maladies aiguës, pour combattre la faiblesse apparente qui les accompagne. Quoi qu'il en soit, je suis persuadé que cette maladie, traitée par la méthode ordinaire, eût été promptement mortelle ; elle le fût devenue bien plutôt encore, si, m'en laissant imposer par l'état du pouls, par l'oppression des forces, et craignant l'adynamie et la malignité que quelques médecins voient partout, j'avais eu recours au

vin, au quinquina, au simarouba, au cachou et à
d'autres substances plus ou moins irritantes.

Cependant je crois avoir une faute à me re-
procher ; elle tient à ce que j'étais encore peu
expérimenté dans la nouvelle méthode : j'ai employé la saignée générale avec trop de timidité,
pour recourir aux émissions sanguines locales.
Serait-il déraisonnable de penser que les sangsues appliquées à l'anus puissent entretenir la
congestion hémorragique, quand elle est déjà
très-forte ?

SEPTIÈME OBSERVATION.

*Dyssenterie hémorragique, traitée avec succès
par les saignées générales et les sangsues.*

V★★★, chasseur au 8e régiment d'infanterie légère, après neuf jours d'invasion, entre à l'hôpital le 16 septembre, pour une dyssenterie hémorragique des plus douloureuses et des plus
graves, survenue à la suite de l'usage inconsidéré
d'un violent drastique (une forte dose de colo-
quinte dans une chopine de vin blanc), et ensuite
d'un mélange de poudre à canon et d'ail, dans
un verre d'eau-de-vie, le tout pour supprimer
une blennorrhagie ancienne. A son arrivée, l'état
de V★★★ était des plus déplorables, et présentait les symptômes suivants : fièvre violente avec

pouls dur, vite, concentré; peau brûlante; traits profondément altérés; envies continuelles d'aller à la selle, avec ténesmes, épreintes, douleurs abdominales si vives, qu'elles font pousser des cris au malade; sans cesse il se présente à la garde-robe, où il ne rend qu'un peu de sang pur. Je prescris, à ma visite du soir : une saignée de cinq cent soixante grammes; eau de riz gommée; deux potions gommeuses; un demi-lavement émollient; un bain de siége d'une heure, et un large cataplasme sur le ventre. Légère amélioration pendant la nuit.

Le 17, la situation me paraît encore périlleuse; la fièvre, les douleurs abdominales et les autres symptômes n'ont pas cessé; le malade, toujours extrêmement agité, m'exprime des craintes sur son état. Nouvelle saignée de cinq cent soixante gr.; même boisson, mêmes remèdes; vingt sangsues sur les points douloureux du ventre; bain le soir, un demi-lavement amylacé-opiacé, que V*** ne peut retenir; cataplasme laudanisé sur le ventre, pour la nuit, qui, nonobstant, fut encore agitée.

Le 18, il y a un peu de mieux; tous les symptômes se sont légèrement amendés; les douleurs, les coliques, les ténesmes sont un peu moindres, et il n'y a plus que des stries de sang dans les selles, qui sont un peu moins fréquentes, et commencent à devenir muqueuses ; toutefois le pouls restant tendu et vite, et la chaleur considérable , je prescris une nouvelle saignée de trois cent soixante-quinze grammes ; quinze sangsues sur le trajet du colon, et je continue les autres moyens, en ajoutant un demi-décigramme d'extrait gommeux d'opium dans chaque potion.

Du 19 au 24, V*** reste à peu près dans le même état, sauf une légère amélioration ; je continue la diète et le même traitement.

Le 25, le mieux est plus marqué ; les selles, moins nombreuses, deviennent un peu stercorales, et ne contiennent plus de sang ; je continue la diète et le même traitement jusqu'au 29, époque à laquelle la convalescence me paraissant assurée, je cède au vif désir que V*** m'exprime de prendre quelque légère nourriture , et je lui accorde une crème de riz , matin et soir.

Le 30, tous les symptômes ayant disparu, et l'appétit se faisant vivement sentir, je prescris deux riz, matin et soir, régime que je continue jusqu'au 5 octobre ; il mange alors le quart, un œuf et un riz, matin et soir, et j'augmente ainsi peu à peu les aliments.

Le 15 octobre, V*** sort en parfaite santé, en me promettant d'être plus sage et plus prudent à l'avenir.

Cette dyssenterie est certainement une des

plus graves que j'aie eues à traiter ; d'abord parce qu'étant le résultat d'une espèce d'empoisonnement, elle pouvait bien être compliquée d'un peu d'entérite, peut-être même de péritonite, et parce qu'elle était déjà éloignée de son début, lorsque le malade est entré dans mes salles. Bien que, obéissant encore à l'impulsion broussaisienne, j'aie fait deux applications de sangsues, je reste convaincu que c'est aux saignées générales seules que je dois la guérison de ce malade, une de celles que j'ai obtenues avec le plus de difficultés, et l'on en conçoit la raison.

HUITIÈME OBSERVATION.

Dyssenterie hémorragique, traitée avec succès par les saignées générales et quelques sangsues.

G***, canonnier corse au 12ᵉ régiment d'artillerie, sortit le 10 septembre de l'hôpital, où il était resté longtemps pour un violent érysipèle de la face, avec réaction sur le cerveau. Ayant usé largement de sa liberté, pour se livrer à toutes sortes d'excès, surtout dans le boire et le manger, il fut rapporté à l'hôpital militaire, le 19 du même mois, après six jours d'invasion d'une dyssenterie hémorragique des plus graves, présentant à peu près les symptômes de celle du précédent malade ; traitée de la même manière, elle a eu la même terminaison, obtenue également avec quelque difficulté, à cause de l'état d'affaiblissement dans lequel se trouvait déjà G*** par suite de sa maladie précédente ; il n'en a pas moins été parfaitement rétabli et à même d'user d'un congé de convalescence, le 20 octobre.

NEUVIÈME OBSERVATION.

Dyssenterie ordinaire, traitée avec succès par la saignée générale.

B***, soldat au 31ᵉ régiment, après quatre jours d'invasion, entre à l'hôpital, le 28 septembre, pour une dyssenterie ordinaire, mais assez violente, comme l'indiquent les symptômes suivants : besoin continuel d'aller à la selle ; les matières rendues, après de longs et douloureux efforts, sont des mucosités sanguinolentes ; pouls fébrile. Je prescris, à ma visite du soir : saignée de cinq cents grammes ; eau de riz gommée et une potion gommeuse. La nuit est plus calme que les précédentes.

Le 19, les principaux symptômes se sont amendés ; il y a moins de fièvre, moins de douleurs, et les selles, plus faciles et moins nombreuses, ne contiennent plus de sang.

Le 30, le mieux se maintient ; je continue la

diète, et les mêmes boissons, en ajoutant un demi-décigramme d'extrait gommeux d'opium dans chaque potion, et dans le demi-lavement amylacé que je lui prescris.

Le 1er octobre, je trouve le malade assez bien pour lui donner une crème de riz, matin et soir; je continue, du reste, les mêmes moyens, en y ajoutant un bain de siége.

Enfin, le 4, la convalescence me paraît assurée, et je cède à ses instances en lui accordant le quart, œuf et riz, matin et soir.

J'augmente graduellement les aliments jusqu'au 12; je le croyais alors parfaitement rétabli, quand il fut tout à coup frappé de symptômes cholériques, qui se présentèrent alors chez plusieurs de nos malades; traité pour cette nouvelle affection, il s'est bientôt mis en état de jouir d'un congé de convalescence.

L'amélioration a été si prompte chez ce malade, après la saignée générale, que je n'ai pas cru devoir la réitérer, et il serait injuste d'attribuer à ce traitement la nouvelle maladie dont il a été frappé pendant sa convalescence, d'autant plus que ces accidents étaient assez fréquents à cette époque, parmi les militaires traités pour d'autres affections.

DIXIÈME OBSERVATION.

Dyssenterie grave, traitée avec succès par les saignées générales.

B***, fusilier, au 6ᶜ régiment d'infanterie légère, âgé de vingt-cinq ans, d'un tempérament sanguin, après quatre jours d'invasion, entre à l'hôpital militaire, le 4 octobre, présentant les symptômes suivants : grande chaleur ; pouls dur, vite, accéléré ; soif ardente ; envies continuelles de se présenter sur la chaise de nuit (le malade assure être allé, la veille, plus de deux cents fois à la selle) ; il ne rend que du sang pur après beaucoup d'efforts accompagnés de douleurs abdominales, coliques, ténesmes ; enfin tous les symptômes d'une dyssenterie des plus graves.

Saignée de cinq cent soixante grammes ; eau de riz gommée ; deux potions gommeuses, un demi-lavement amylacé. A peine la saignée est-elle pratiquée, que les symptômes diminuent, et dès le soir même le sang a cessé de couler hémorragiquement ; les selles, beaucoup moins fréquentes, deviennent plus consistantes, et les matières alvines ne contiennent plus que des stries de sang.

Le 5, l'état du malade est satisfaisant ; toutefois je prescris de nouveau : saignée de quatre cent soixante-dix grammes; même traitement, en ajoutant un demi-décigramme d'opium dans l'une des potions gommeuses et dans le demi-lavement, et un bain de siége assez long. Dès le soir même, il n'y a plus de sang dans les selles, qui deviennent de plus en plus rares, et sont rendues sans douleur.

Enfin, le 6, B*** est en parfaite convalescence; je lui accorde un bouillon et une crème de riz, matin et soir; même médication.

Dès ce moment, tous les symptômes ayant disparu et la convalescence me paraissant assurée, j'accorde à B*** de légers aliments que j'ai augmentés chaque jour, jusqu'à sa sortie, qui a eu lieu le 14 du même mois.

Cette guérison a quelque chose qui tient du prodige : entré le 4 octobre, j'ai montré B*** en parfaite convalescence, le 7, à notre honorable collégue M. Bégin, et lui ai demandé s'il croyait qu'on pût obtenir de pareils résultats par les sangsues. Cela se pourrait peut-être, m'a-t-il répondu, mais il en faudrait de grandes quantités; et je crois que c'est très-douteux.

Par un hasard heureux, ce malade a également été vu et interrogé par M. Clot-Bey, médecin en chef des armées d'Égypte, qui, très-surpris de la rapidité de cette guérison, m'a demandé une notice sur le traitement que je suivais : je me suis empressé de la lui envoyer avant son départ.

Observations de dyssenterie hémorragique traitée par les saignées générales, recueillies par M. Villamur, médecin adjoint.

ONZIÈME OBSERVATION.

C***, âgé de vingt-cinq ans, soldat au 8ᵉ régiment d'infanterie légère, doué d'une bonne constitution, entra à l'hôpital de Lyon, le 11 octobre 1839, et fut placé dans la troisième division des fiévreux. Il était, depuis six jours, atteint d'une dyssenterie hémorragique et n'avait cessé son service que la veille de son entrée à l'hôpital. Aucun écart de régime ne paraissait avoir été la cause de son affection. Il se plaignait d'être forcé d'aller à la garde-robe de huit à dix fois dans les vingt-quatre heures, et de rendre du sang. L'abdomen n'était nullement douloureux à la pression; il n'existait aucun symptôme de réaction générale; la langue était naturelle, l'appétit parfaitement conservé; point de céphalalgie.

Averti par M. Peysson, médecin en chef de l'hôpital, des prompts et heureux résultats obtenus dans son service, de l'emploi de la saignée générale, dans de semblables affections, le sujet étant d'ailleurs robuste et bien constitué, je prescrivis, à la visite du 12, une saignée du bras de 440 grammes; riz au lait, matin et soir; de l'eau de riz gommée, une potion gommée, et deux demi-lavements amylacés et opiacés.

Le 13, le malade n'avait été que quatre fois à la selle depuis la veille; la quantité de sang rendue par l'anus était moins considérable et ne consistait plus qu'en stries sanguinolentes, mêlées aux mucosités intestinales, dans lesquelles se trouvaient délayées quelques matières fécales. Je prescrivis le régime et la médication de la veille.

Le 14, C*** n'avait été que deux fois à la garde-robe depuis vingt-quatre heures. Les selles étaient encore liquides, mais ne contenaient aucune trace de sng. Quart, matin et soir; même médication.

Le 15, la dyssenterie était entièrement supprimée. Je donne le quart, riz au lait, et un œuf, matin et soir. Même médication.

Les jours suivants, le malade allant de mieux en mieux, je cessai toute médication; j'accordai successivement la demie, les trois quarts, et C***, en état de reprendre son service, sortit le 23.

DOUZIÈME OBSERVATION.

R***, soldat au 6ᵉ régiment d'infanterie légère, entra à l'hôpital, le 22 octobre, pour une dyssenterie hémorragique qui l'avait forcé, depuis huit jours, de cesser son service. A la visite du matin, je le trouvai dans l'état suivant : pouls normal ; langue à peine rouge vers la pointe ; soif légèrement prononcée ; abdomen souple dans toutes ses régions, mais légèrement douloureux vers la fosse iliaque droite. Les selles, d'après le rapport du malade, sont assez nombreuses (de douze à quinze dans les vingt-quatre heures); la présence du sang y est manifeste, leur expulsion ne provoque aucune douleur vers la région anale. Riz au lait, eau de riz gommée, potion gommeuse, saignée de trois cent soixante-quinze grammes.

Le 22, les selles ont diminué de fréquence, mais sont encore sanguinolentes. Le malade a été forcé d'aller à la garde-robe quatre fois pendant la nuit. Je prescris une nouvelle saignée de trois cent dix grammes, le régime et la médication de la veille.

Le 23, R*** n'a eu que trois selles dans les vingt-quatre heures ; aucune trace de sang ne se laisse apercevoir dans la matière des déjections. La langue est tout à fait naturelle, l'abdomen est souple, et a cessé d'être douloureux à la pression.

Riz au lait, matin et soir, eau de riz gommée, potion opiacée, demi-lavement amylacé et opiacé.

Le 24, la dyssenterie a cessé entièrement. J'accorde une soupe et un riz au lait, et je prescris la même médication.

Le 25, R*** mange le quart, les jours suivants la demie, ensuite les trois quarts, et sort de l'hôpital le 7 novembre.

TREIZIÈME OBSERVATION.

L***, soldat au même régiment, entra à l'hôpital le 27 octobre. Ce militaire, âgé de 23 ans, doué d'une bonne constitution physique et d'un tempérament sanguin assez prononcé, était, depuis quatre jours, atteint d'une dyssenterie hémorragique qu'il avait contractée étant de garde pendant une nuit froide et humide. L'intempérance paraissait avoir été étrangère au développement de cette affection, que nous avons eu occasion d'observer plusieurs fois au commencement de l'automne, saison pendant laquelle sont assez ordinaires l'humidité et le refroidissement de l'atmosphère. A la visite du matin, L*** offrait l'état suivant : chaleur de la peau, avec accélération du pouls; langue blanche au centre et rouge vers la pointe et sur les bords; soif prononcée; céphalalgie légère; abdomen souple, mais sensible à la pression, principalement vers les fosses iliaques. Le malade déclare avoir été près de vingt fois à la selle depuis la veille; les matières sont rejetées, en petite quantité, avec ténesmes et sensiblement striées de sang. Diète; eau de riz gommée; potion gommeuse; saignée de quatre cent quarante grammes.

Le 28, la fièvre est moins prononcée; les selles ont perdu de leur fréquence, mais sont encore sanguinolentes et provoquent un peu de ténesme. Diète; eau de riz gommée; potion gommeuse. M. Peysson eut la bonté de venir voir ce malade à la contre-visite du soir, et me donna le conseil de renouveler la saignée si la présence du sang se laissait encore remarquer dans les selles.

Le 29, la réaction fébrile avait cessé; cependant les selles, quoique peu nombreuses, étaient encore diarrhéiques et colorées en rouge. Je prescrivis une nouvelle saignée de trois cent dix grammes, afin de hâter la résolution déjà évidente de la congestion, dont la partie inférieure du tube intestinal avait été le siége. Malgré son désir de prendre quelques aliments, L*** fut encore soumis à la diète et à l'usage des mêmes boissons. Le soir, les selles n'avaient point reparu; la pression abdominale n'occasionnait plus de douleur.

Le 30, j'accorde un riz au lait, matin et soir.

Le 31, le malade paraît rétabli, il est impatient

de manger : je lui prescris une soupe au lait et un riz au lait, matin et soir.

Le 1er novembre, le malade mange le quart ; les aliments sont successivement augmentés, et L*** sort le 6 parfaitement rétabli.

Je me suis abstenu, chez ce dernier malade, des lavements et des boissons opiacés, afin de mieux apprécier l'importance de la saignée générale.

J'ai cédé d'autant plus volontiers aux conseils de M. Peysson, dans cette circonstance, que, peu de jours auparavant, j'avais perdu un malade atteint de colite aiguë, chez lequel l'autopsie a fait découvrir une grande quantité de sang coagulé dans la presque totalité du gros intestin. Ce malade avait été traité par les émissions sanguines locales.

QUATORZIÈME OBSERVATION.

Dyssenterie aiguë avec réaction générale; selles tous les quarts d'heure, accompagnées de ténesme et d'épreintes considérables ; trois saignées; amélioration marquée après chaque saignée; guérison le sixième jour ; recueillie par M. le docteur Mayer, médecin adjoint.

C***, soldat au 8e régiment d'infanterie légère, âgé de 23 ans, d'une bonne constitution, a été traité, dans le courant du mois d'août, pour une fièvre continue qui le retint vingt-trois jours à l'hôpital. Il sortit le 21 septembre 1839, bien guéri, et n'accusant qu'un peu de faiblesse.

Le 12 octobre, il éprouve, sans cause appréciable, de la céphalalgie, de l'anorexie et une légère diarrhée, accompagnée de douleurs vagues dans l'abdomen. Vingt-quatre heures après l'invasion de ces prodromes, il est pris brusquement, dans la nuit, d'envies continuelles d'aller à la selle et de douleurs vives dans le ventre : ces douleurs se concentrent bientôt dans l'S du colon et dans le rectum. Il entre à l'hôpital le 17 octobre, présentant l'état suivant : visage coloré ; expression inquiète de la physionomie ; peau moite ; pouls plein et fréquent ; céphalalgie ; soif vive ; langue humide recouverte d'un enduit jaunâtre légèrement pointillé de rouge ; quelques nausées. Le ventre a toute sa souplesse et n'est douloureux qu'à une forte pression ; les envies d'aller à la selle se renouvellent tous les quarts d'heure, et sont accompagnées de coliques vives et de ténesme. Le malade a la sensation d'un corps étranger fixé dans le rectum, et cette sensation le force à de fréquents efforts de défécation. La matière des déjections est en partie formée par du sang ; ce liquide est tantôt mélangé aux mucosités, tantôt réuni en caillots. Saignée de 500 grammes ; décoction de riz gommée ; demi-lavement amylacé.

Le 18, le malade se félicite de son état : la fièvre a diminué; les coliques et le ténesme sont beaucoup moins considérables; la matière des défécations ne présente plus que des stries sanguinolentes mêlées aux mucosités. Cependant les selles sont encore nombreuses; le pouls a conservé un peu de fréquence et de plénitude. Saignée de trois cent soixante-quinze grammes; même boisson; lavement amylacé.

A la visite du 19, la fièvre n'existe plus, l'état général du malade est des plus satisfaisants; six selles ont eu lieu dans les vingt-quatre heures; les matières rendues contiennent encore des stries de sang. Le malade accuse de l'appétit; on lui accorde une crème de riz et on continue la même boisson.

Le 20, même état que la veille, même nombre de selles. M. Peysson, qui dirigeait le traitement et qui avait obtenu des résultats très-heureux de l'emploi de la saignée répétée dans la dyssenterie, s'est abstenu de prescrire, dans le cas que nous rapportons, aucune préparation opiacée, afin de mieux apprécier l'efficacité de sa méthode en l'isolant de toute autre médication. Les deux premières saignées avaient déjà fait perdre à la maladie toute la gravité qu'elle présentait. Depuis deux jours, le nombre des selles était réduit à six dans les vingt-quatre heures; elles étaient formées de mucosités légèrement striées de sang. Pour apprécier au juste quelle influence aurait une saignée sur ce faible reste de la maladie, on en pratiqua une troisième le 21 au matin. Du 21 au 22, il n'y eut qu'une seule selle presque solide, et la guérison fut dès lors assurée. C*** mangea bientôt la demi-portion, ensuite les trois quarts; il sortit enfin, douze jours après, parfaitement guéri.

QUINZIÈME OBSERVATION.

Dyssenterie hémorragique, traitée avec succès par les saignées générales seules.

G***, chasseur au 8ᵉ régiment d'infanterie légère, après huit jours d'invasion, entre à l'hôpital le 12 octobre à midi, présentant les symptômes suivants : face animée, chaleur à la peau; pouls fébrile; besoin sans cesse renaissant d'aller à la garde-robe, où il ne rend que du sang pur avec ténesme violent et douleurs abdominales; enfin tous les symptômes qui caractérisent la dyssenterie au plus haut degré. Je prescris, à ma visite du soir : saignée de quatre cent soixante-dix grammes; eau de riz gommée; un bain de siége d'une heure et un large cataplasme laudanisé sur le ventre.

La nuit même, les symptômes s'amendent sen-

siblement ; le sang cesse de couler hémorragiquement, il n'y en a plus que des stries dans les selles,
qui deviennent légèrement stercorales et qui se
réduisent à trois dans la nuit.

Le 13, l'état du malade est satisfaisant. Je continue le même traitement, sauf la saignée, que je
ne réitère pas.

Le 14, G*** est à peu près comme la veille ;
les selles, peu nombreuses, sont cependant encore liquides et faiblement teintes de sang ; il y a
d'ailleurs un peu de fièvre et de chaleur à la
peau. Même traitement ; de plus, une forte saignée. Le soir même, il n'y a plus du tout de sang
dans les selles, qui deviennent de plus en plus
rares et stercorales.

Le 15, la convalescence étant parfaite, je prescris du riz, matin et soir, et je continue la même
médication.

Le 16, l'appétit se prononçant, j'accorde le
quart, un œuf et du riz, matin et soir.

Le 17, G*** mange la demie, côtelette et légumes, et le 18, se trouvant parfaitement rétabli, il
songeait à sortir, lorsque, ayant été saisi par le
froid en se promenant dans la cour, il fut pris
d'une pleuropneumonie qui l'a retenu assez longtemps à l'hôpital.

SEIZIÈME OBSERVATION.

Dyssenterie hémorragique, guérie en peu de jours par une seule saignée générale.

G***, chasseur au 6ᵉ régiment d'infanterie légère, après huit jours d'invasion, entre, le matin du 12 octobre, à l'hôpital, à peu près avec les symptômes que présentait le malade de l'observation précédente. Je prescris sur-le-champ : une saignée de cinq cent soixante grammes, en recommandant d'ouvrir largement la veine, de l'eau de riz, et deux potions gommeuses simples ; l'état du malade s'améliore dans la journée même d'une manière surprenante.

Le 13, je trouve G*** dans l'état le plus satisfaisant ; il n'a été, depuis la saignée, que quatre fois à la selle : les matières sont stercorales et sans la moindre trace de sang.

Le 14, le malade est mieux encore ; il n'y a eu qu'une selle dans les vingt-quatre heures, rendue sans ténesme ni douleur. Le malade sentant vivement le besoin de manger, qu'il m'exprime énergiquement, je lui accorde le quart, un œuf et du riz matin et soir. Dès ce moment, la convalescence fait des progrès rapides, les aliments sont augmentés graduellement jusqu'au 18, époque à laquelle il sort en parfaite santé.

DIX-SEPTIÈME OBSERVATION.

Dyssenterie ordinaire, traitée avec succès par les saignées générales.

D***, infirmier-major, âgé de vingt-cinq ans, d'un tempérament sanguin, était souffrant depuis quatre jours, quand, le 16 octobre 1839, il alla au cabaret, où il but une bouteille de vin. La nuit même, il éprouve des envies de vomir, des éructations continuelles avec violentes douleurs abdominales.

Le 18, le chef de service de la division à laquelle il appartenait lui prescrit une limonade tartro-boratée, pour rompre la constipation qu'il éprouvait depuis deux jours : elle provoque, en effet, des selles nombreuses, mais avec coliques, ténesme, et bientôt une fièvre violente se déclare ; sur-le-champ on lui fait une saignée de quatre cent soixante-dix grammes ; cependant, les symptômes ne s'amendant pas, il entre dans ma division le 19, dans un état de souffrances indicibles. La fièvre était ardente ; les douleurs abdominales, très-vives, semblaient augmenter, dans certains points, par la pression, ce qui me détermine à y appliquer vingt sangsues, que je fais suivre d'un bain de siége.

Le 20, malgré ces moyens, je le trouve aussi

abattu que la veille ; les envies d'aller à la selle
sont continuelles , et accompagnées de vains
efforts, de violentes coliques et d'un douloureux
ténesme, à la suite desquels il ne rend que quelques mucosités enveloppées de sang. Saignée de
six cent vingt grammes ; eau de gomme ; deux
potions gommeuses ; cataplasmes laudanisés sur
l'abdomen, et un bain dans la journée. Une large
saignée fut faite : bientôt la fièvre et les douleurs abdominales se calment ; les selles, moins
nombreuses, plus faciles et plus épaisses, ne
contiennent plus de sang ; et, le soir même, je
puis juger que le malade touche à la convalescence.

Le 21 , je le trouve, en effet, très-bien ; je continue les mêmes boissons, les mêmes potions,
auxquelles j'ajoute un demi-décigramme d'opium,
et j'insiste sur l'usage des bains.

Le 22, le mieux est parfait ; j'accorde à D***
du riz, matin et soir.

Le 23, il mange un quart, un œuf, du riz ; et,
le 24, se croyant en état de surveiller son service,
quoique encore un peu faible, il demande sa sortie et l'obtient.

Dyssenteries ordinaires, traitées avec succès par la seule saignée générale.

DIX-HUITIÈME OBSERVATION.

F***, fusilier au 66ᵉ régiment, après quinze jours d'invasion, entre à l'hôpital le 19 octobre, avec les symptômes caractéristiques d'une dyssenterie ordinaire assez intense. Je lui prescris sur-le-champ une forte saignée faite rapidement et de l'eau de riz gommée pour tous remèdes. Chose étonnante! tous les symptômes disparaissent comme par enchantement, et il reste quarante-huit heures sans aller à la selle.

Le 20, le malade est très-bien : même boisson; riz, matin et soir, pour aliment.

Le 21, même régime.

Le 22, F*** demande à manger avec instance; quart, œuf et riz, matin et soir.

Le 23, la demie, côtelette et riz.

Les 24 et 25, trois quarts, légumes.

Le 26, portion sortante.

DIX-NEUVIÈME OBSERVATION.

B***, chasseur au 8ᵉ régiment d'infanterie légère, après douze jours d'invasion, entre à l'hôpital le 19 octobre, présentant les symptômes suivants : selles liquides et sanguinolentes toutes

les demi-heures, accompagnées de douleurs abdominales, de ténesme et d'un mouvement fébrile
très-prononcé. Je lui prescris sur-le-champ une
forte saignée, de l'eau de riz gommée. Bien que
le sous-aide chargé de la saignée n'ait pu obtenir
que deux cent cinquante grammes de sang, les
symptômes se calment; les selles deviennent
moins fréquentes et moins liquides.

Le 20, quoique le malade soit mieux, la fièvre
n'étant pas totalement éteinte et les matières alvines contenant encore quelques légères stries de
sang, j'ordonne une nouvelle saignée de quatre
cent soixante-dix grammes; même boisson. Le
soir, l'amélioration est complète; les selles, rares
et stercorales, sont rendues sans ténesme ni douleur.

Le 21, B*** va très-bien et demande à manger; riz, matin et soir; même boisson; une potion
gommeuse opiacée et un demi-lavement amylacé-
opiacé.

Le 22, la convalescence est assurée; B*** ne
se plaint plus que de la faim. Dès ce moment,
j'ai augmenté graduellement la nourriture jusqu'au commencement de novembre, époque à
laquelle B*** est sorti en parfaite santé.

VINGTIÈME OBSERVATION.

C***, canonnier au 12ᵉ régiment d'artillerie, était sorti, depuis dix jours, de l'hôpital, où il avait séjourné un mois et demi, quand il y rentra, le 19 octobre, pour une dyssenterie qui, sans être hémorragique, était d'autant plus grave que ce sujet, déjà affaibli par des maladies précédentes, semblait être en proie à quelque phlegmasie chronique : aussi, malgré les douleurs abdominales et de nombreuses selles sanguinolentes, avec ténesme, qui le fatiguaient beaucoup, je n'osai le faire saigner dès son entrée. Il ne fallut rien moins que la prompte amélioration obtenue dans l'état de plusieurs militaires entrés le même jour et dans la même salle que lui, et l'invasion récente de sa maladie, pour me déterminer, le lendemain, à lui faire tirer trois cent soixante-quinze grammes de sang.

Je fus très-agréablement surpris, le soir même, en voyant que les symptômes s'étaient amendés et que le nombre des selles était considérablement diminué.

Le 21, je prescris la continuation de l'eau de riz gommée; j'y ajoute deux potions gommeuses opiacées, un demi-lavement amylacé-opiacé et un bain de siége.

Le 22, trouvant le malade très-bien, je lui

accorde du riz, matin et soir ; le même traitement est continué.

Dès ce moment, les aliments solides sont graduellement augmentés.

A la fin du mois, il ne reste plus aucune trace de dyssenterie ; seulement C*** est amaigri par suite des divers traitements qu'il a subis. C'est dans cet état qu'il a été dirigé sur le service des blessés pour une affection chirurgicale.

Tout récemment il s'est présenté un nouveau cas de dyssenterie assez grave qui a cédé, avec une étonnante facilité, à une seule saignée générale : en voici l'histoire en peu de mots.

VINGT-UNIÈME OBSERVATION.

T***, grenadier au 12ᵉ régiment, après six jours d'invasion, entre à l'hôpital, le 2 avril 1840, pour une dyssenterie suraiguë, bien caractérisée ; ayant des besoins continuels de se présenter à la garde-robe, où il ne rend que du sang avec une substance d'apparence graisseuse, que je crois être celle que Pringle désignait sous le nom de *corpora pinguia*. Il y avait, en même temps, douleurs abdominales, ténesme, mouvement fébrile, pouls dur, vite et concentré. Les forces étaient si opprimées, que le malade avait de la peine à se tenir sur les jambes. Diète absolue; saignée de quatre cent soixante-dix grammes; eau de gomme. La nuit même, tous les symptômes diminuent; les selles, rares, deviennent stercorales et ne contiennent plus la moindre trace de sang.

Le 3, le malade est si bien, qu'il se croit guéri; on continue les mêmes boissons.

Le 4, la convalescence étant parfaite, on accorde du riz, matin et soir.

Le 5, la convalescence est assurée; le quart, un œuf, riz, matin et soir. Dès ce moment, on augmente, chaque jour, la quantité d'aliments.

Le 12, T*** sort parfaitement guéri.

Mais, si la saignée agit puissamment dans la dyssenterie proprement dite, elle agit mieux encore dans la colite aiguë simple; dans tous les cas où je l'ai employée, les évacuations diarrhéiques ont été supprimées dans moins de vingt-quatre heures : en voici quelques exemples.

Observations de colites aiguës, guéries sur-le-champ par la saignée générale.

PREMIÈRE OBSERVATION.

B***, fusilier au 31ᵉ régiment, après six jours de diarrhée, entre à l'hôpital le 19 octobre 1839, présentant les symptômes suivants : selles nombreuses, claires comme de l'eau, rendues sans c grandes douleurs, le malade ne se plaignant que d'une barre au-dessus de l'ombilic ; chaleur à la peau et léger mouvement fébrile. A ma visite du soir, je prescris seulement de l'eau de riz gommée et une potion gommeuse simple, désirant m'assurer si ces moyens seraient suffisants pour arrèter les évacuations. La nuit est mauvaise, le malade rend douze à quinze selles liquides, avec un peu de ténesme, et il se plaint surtout d'une grande faiblesse.

Le 20, ayant trouvé B*** assez fatigué, je prescris sur-le-champ : saignée de cinq cents grammes faite rapidement ; continuation de l'eau de riz gommée et de la potion gommeuse.

Le 21, le malade est on ne peut mieux ; il n'a pas eu une seule selle et il me demande à manger avec instance ; riz matin et soir, même boisson, même remède.

Le 22, la convalescence est parfaite ; je donne le quart, œuf et riz, matin et soir ; j'augmente, chaque jour, les aliments.

Le 25, B*** sort parfaitement guéri.

DEUXIÈME OBSERVATION.

B***, soldat au 32ᵉ régiment de ligne, après six jours de diarrhée assez violente, entre à l'hôpital le 11 mars 1840, présentant tous les symptômes d'une colite très-aiguë, caractérisée par des

selles liquides et fréquentes, non sanguinolentes,
avec un peu de ténesme et quelques tranchées ;
il est traité comme le sujet de l'observation précédente et avec le même succès, puisqu'une seule
saignée a suffi pour arrêter sur-le-champ les évacuations, et le mettre à même de réparer ses forces
et de sortir le 19, en parfaite santé.

TROISIÈME OBSERVATION.

L***, canonnier au 12ᵉ régiment d'artillerie,
après quatre jours de diarrhée assez violente,
entre, le 24 mars 1840, avec les symptômes d'une
colite aiguë très-intense : saignée de quatre cent
soixante-dix grammes, eau de gomme. Dès ce
moment, il n'y a plus d'évacuations alvines, et,
chose étonnante, le malade reste trois jours sans
aller à la selle.

Il me serait facile de citer encore quelques
guérisons semblables; mais je pense que celles
dont je viens de présenter les cas pourront suffire
pour éveiller l'attention des praticiens et les
mettre à même d'obtenir les mêmes succès.

Je vais présenter encore deux observations de
colites assez anciennes pour croire qu'elles ten-
daient à la chronicité, contre lesquelles, cependant, la saignée a eu l'influence la plus heureuse.

Observations de colites anciennes tendant à la chronicité.—Influence salutaire de la saignée.

PREMIÈRE OBSERVATION (1).

B***, soldat au 31e régiment de ligne, entre à l'hôpital le 29 octobre 1839; il a, depuis deux mois, une diarrhée qui lui est survenue à la suite de quelques accès d'une fièvre intermittente tierce qu'on combattit par le sulfate de quinine. Dans le principe, la diarrhée était peu abondante; mais elle augmenta progressivement, et, depuis six jours, le malade ressent de vives coliques, des épreintes douloureuses et va, dit-il, jusqu'au sang. L'aspect général de B*** annonce la débilité; les membres sont amaigris, la surface cutanée a une grande pâleur; la face est légèrement bouffie, le teint blafard; la membrane muqueuse des lèvres et de la langue offre une teinte bleuâtre; le cœur ne donne aucun bruit anormal.

Au milieu de tous ces symptômes d'anémie,

---

(1) Cette observation appartient à M. Mayer, qui l'a recueillie dans son service. Je profite de cette occasion pour remercier ce collaborateur distingué des secours qu'il a bien voulu me prêter dans les recherches placées à la tête de ce travail.

le pouls a une fréquence et une plénitude qu'on était loin de lui supposer d'abord. L'appétit s'est bien conservé ; la langue, avec sa couleur bleuâtre, est humectée sans aucun enduit ; les parois abdominales ont une grande souplesse, sans sécheresse ni aridité. Le ventre, un peu volumineux et comme empâté, ne donne pas, au toucher, la sensation d'un liquide épanché dans la cavité péritonéale.

Le lendemain de son entrée à l'hôpital, la fréquence, la plénitude du pouls existant toujours, et la température de la peau s'étant légèrement élevée, on prescrit une saignée de trois cent soixante-quinze grammes ; on donne de l'eau de riz pour boisson et une potion opiacée pour la nuit. La matière des selles, examinée pour la première fois, ne présente qu'une sérosité abondante, mêlée à quelques matières glaireuses, sans aucune trace de sang.

Le 31, deux selles seulement ont eu lieu dans les vingt-quatre heures qui se sont écoulées après la saignée.

Depuis lors, les selles devinrent consistantes et régulières ; on continua, pendant quelques jours, la décoction de riz gommée et la potion opiacée. Bientôt le malade fut mis aux trois quarts de portion. Cependant, pour modifier l'état général, qui restait le même, on essaya les toniques (1), le sous-carbonate de fer, entre autres; mais ces moyens ne parurent avoir aucune influence salutaire. Des écarts de régime ramenèrent deux fois la diarrhée; enfin, la maigreur et la faiblesse ne se dissipant point, B*** obtint un congé de convalescence, et quitta l'hôpital après un séjour de six semaines environ.

DEUXIÈME OBSERVATION.

Une femme nommée V***, âgée de soixante ans, logée au quatrième étage de la maison que j'habite, sans autres ressources que celles de son travail, a, depuis près d'un mois, une violente diarrhée qui a pris, depuis trois jours, la forme dyssentérique. Je consens à lui donner des soins, et je la trouvai d'un tempérament fort, plutôt replète qu'amaigrie, ayant encore le teint bon. La diarrhée lui était survenue à la suite d'une indigestion de haricots : je n'ai pas de peine à me convaincre qu'elle l'a entretenue et aggravée par l'usage des aliments les plus grossiers, les plus contraires à son état. Quand je la vois pour la première fois, le 27 mars dernier, elle est dans la situation la plus fâcheuse, allant de trente à

---

(1) Dans ces cas, les meilleurs toniques sont de bons aliments, surtout de nature féculente, qui nourrissent le malade sans irriter les parties souffrantes.

quarante fois à la selle par jour, avec douleurs abdominales, tranchées, ténesme; les matières rendues sont liquides et, depuis trois jours, mêlées de beaucoup de sang. Du reste, il y a de la chaleur à la peau et un mouvement fébrile assez prononcé : saignée de cinq cent soixante grammes; eau de riz gommée; diète absolue.

Le soir, les selles sont réduites des trois quarts pour la fréquence, ne contiennent plus de sang et ne sont plus douloureuses. La nuit est très-bonne.

Le 28, l'état de la malade est très-satisfaisant : on ajoute à la boisson quelques gouttes de laudanum; laits de poule pour toute nourriture.

Malheureusement la malade charge de pain ses laits de poule; et, dès le soir même, les selles redeviennent plus fréquentes, plus liquides; elles sont, en outre, accompagnées de tranchées et de ténesme.

Le 29, je la remets à la diète et à l'usage de l'eau de riz gommée; quelques opiacés sont administrés en potion et en lavement, et bientôt une amélioration nouvelle se prononce.

Le 30, la malade commet encore une imprudence : elle mange de la brioche et boit un peu de vin; bientôt elle éprouve quelques symptômes d'indigestion qui l'engagent à avoir recours au thé : elle éprouve des envies de vomir; la diarrhée survient avec un mouvement fébrile considérable. Diète absolue, boissons gommées ; demi-lavements amylacés-opiacés; bain de siége ; me réservant de réitérer la saignée, si ces symptômes continuent. Ils se calment heureusement dans la nuit, et, le 31, la malade se trouve mieux. Dès lors, son état s'est amélioré graduellement, avec des alternatives de bien et de mal, selon que son régime était plus ou moins convenable. Enfin, aujourd'hui 12 avril, cette femme ne se ressent plus de la diarrhée qui l'a tourmentée si long-temps.

On pourrait objecter que les bons résultats dont il vient d'être question ont été obtenus sur des sujets vigoureux et jeunes, et que, chez des malades d'une constitution différente, affaiblis ou âgés, ils ne se reproduisaient pas. Les observations suivantes répondront à cette objection, dont je suis, au surplus, fort éloigné de contester la valeur.

Dyssenterie suraiguë, guérie en très-peu de temps par les saignées générales.

Madame G***, âgée de vingt-cinq à trente ans, d'une constitution faible et délicate, d'un tempérament nerveux et très-sensible, souffrante depuis longtemps, me fait appeler le 15 septembre 1839. Je la trouvai dans l'état suivant : douleurs abdominales; tranchées si vives, que la malade s'agite dans son lit en poussant des cris; les traits sont animés, la fièvre ardente, le pouls petit, dur, précipité; la malade éprouve des besoins continuels d'aller à la selle; elle fait de grands efforts pour ne rendre que quelques gouttes de sang pur. L'irritation est si grande, qu'elle s'est communiquée à la vessie, au point que madame G*** ne peut uriner; son état, enfin, me paraît des plus inquiétants.

Sur-le-champ je lui fais une large saignée de cinq cents à cinq cent soixante grammes, et je lui prescris de l'eau de gomme; des demi-lavements émollients qui ne peuvent être retenus; un bain de siége, et un large cataplasme laudanisé sur le ventre. La nuit est agitée, et cependant les grands symptômes dyssentériques s'apaisent légèrement; la malade commence à uriner.

Le 16 au matin, je la trouve encore assez fatiguée, quoique beaucoup moins que la veille; les selles, toujours fréquentes, sont rendues avec moins de difficulté et contiennent quelques mucosités avec le sang; toutefois je crois utile de renouveler la saignée, et je suis assez heureux pour pouvoir lui tirer encore trois cent soixante-quinze à quatre cent soixante-dix grammes de sang par la même ouverture que la veille. Diète absolue, même boisson, bains généraux prolongés.

Madame G*** ne pouvant supporter l'opium , je lui en fais prendre un demi-décigramme (1) dans un demi-lavement amylacé qu'elle retient un peu plus longtemps ; dans la journée même, grande amélioration ; il n'y a plus de fièvre ni de douleurs ; les urines sont rétablies ; les selles deviennent plus rares et plus faciles.

Le 17, madame G*** est très-bien ; cependant, comme il lui reste une légère douleur dans un point fixe du ventre, et d'ailleurs encore sous l'influence de mes anciennes croyances, j'y fais une application de quinze sangsues ; je continue les autres moyens médicamenteux : dès ce moment la convalescence se prononce ; madame G... est bientôt dans son état habituel de santé.

---

(1) Ce serait une erreur que d'attribuer à cette petite quantité d'opium et aux quinze sangsues quelque influence sur cette cure remarquable ; ces moyens, d'ailleurs, n'ont été employés que lorsque l'amélioration était déjà complète.

Observation de dyssenterie aiguë, guérie par la saignée générale seule, chez un homme âgé de plus de 5o ans ; recueillie et communiquée par M. le docteur Dortholan.

M. M***, capitaine au sixième régiment d'infanterie légère, digne monument de la vieille armée, quinquagénaire, d'un tempérament sanguin, était atteint, depuis plusieurs jours, de dyssenterie sans qu'il fît rien pour la combattre, lorsque, la maladie ayant augmenté, il se décida à réclamer mes soins. Il était dans un léger état de réaction fébrile, avec douleurs abdominales peu vives, borborygmes, ténesmes, envies fréquentes d'aller à la selle, où, chaque fois, il rendait du sang en quantité : je lui permis un bouillon deux fois par jour, et lui prescrivis de l'eau de riz édulcorée avec le sirop de gomme, des demi-lavements amylacés avec la décoction de graine de lin et d'une tête de pavot; des potions gommeuses avec le sirop diacode.

Malgré ces moyens employés avec confiance et exactitude par le malade, dans la nuit du quatrième au cinquième jour du traitement il rendait encore une plus grande quantité de sang presque pur; je n'hésitai pas plus longtemps à lui pratiquer une saignée de six cent vingt-cinq grammes, et, dès ce moment, il ne prit plus, pour tout remède, que de l'eau de riz; la nuit suivante, il ne rendit presque plus de sang, et, deux jours après, il a été à même de reprendre son service et son régime ordinaires.

Les circonstances les plus défavorables, telles qu'un âge déjà avancé, la faiblesse de sa constitution, une disposition nerveuse, n'ont donc pu m'empêcher de recourir à la saignée générale et d'en obtenir les mêmes résultats. C'est au praticien à savoir apprécier les forces du malade et à ne point s'en laisser imposer par la petitesse du pouls et une faiblesse apparente qui dépendent souvent, dans la dyssenterie, de l'état douloureux de l'organe malade, qui enchaîne l'action du cœur.

D'un autre côté, c'est un préjugé bien funeste que celui de croire que, chez les gens faibles, on doit respecter les phlegmasies qui dévorent rapidement leurs tissus délicats et irritables. Je suppose, par exemple, qu'un individu à frêle constitution ait un membre dans un état à compromettre ses jours, que dirait-on de l'homme de l'art qui repousserait l'amputation, seule capable de lui sauver la vie, dans la crainte de l'affaiblir ? Cependant ce membre devrait lui être enlevé à tout jamais, tandis que le sang se répare avec une prodigieuse célérité, comme le fait observer Broussais.

Tels sont les importants résultats que j'avais à soumettre au jugement des médecins ; ils apprécieront consciencieusement une méthode qui, jusqu'à présent, ne compte que des succès et pas un seul revers.

En effet, je ne considère pas comme tels deux cas de flux sanguins que les saignées n'ont pu arrêter, parce qu'ils dépendaient de colites chroniques, avec ulcérations et corrosion des vaisseaux : je vais en donner l'histoire abrégée, afin de mettre les lecteurs en état de les apprécier eux-mêmes, et surtout pour mettre les praticiens en garde contre des méprises assez faciles et qui compromettraient notre méthode.

Le premier cas s'est présenté chez le nommé L***, chasseur au 19ᵉ régiment d'infanterie légère, qui, après vingt jours de séjour à l'hôpital, sortit le 15 janvier dernier, pour y rentrer le 20.

A sa rentrée, L*** avait une diarrhée des plus fortes et rendait beaucoup de sang avec des matières liquides. M. Villamur, dans le service duquel il se trouvait, croyant avoir affaire à une véritable dyssenterie, bien que cette maladie ne régnât plus, lui prescrivit, entre autres moyens, une forte saignée qui ne modifia en rien les selles, soit en nombre, soit en qualité : le lendemain, l'ayant fait réitérer sans plus de succès, il vint me prier de l'aider de mes conseils. Arrivé près du malade, je trouvai un homme amaigri, avec la peau froide, flasque, rugueuse, le teint terreux, enfin tous les symptômes de la colite chronique au plus haut degré ; et, en effet, l'ayant interrogé à diverses reprises, je fus bientôt convaincu qu'il avait la diarrhée depuis très-longtemps, sans l'avouer, afin de manger comme de coutume.

M. Villamur, excellent observateur, ne tarda pas à partager mon opinion : il pensa, comme moi, que, dans ce cas particulier, le sang sortait d'un ulcère compliquant une colite ancienne que la saignée ne pouvait pas arrêter, et qui entraînerait infailliblement la perte du malade, à supposer même que le sang cessât de couler, ce qui ne pouvait avoir lieu que par la modification apportée dans l'ulcération par le temps et les progrès de la maladie. Cela eut lieu effectivement plus tard ; mais le malade succomba le 25 mars, après avoir passé par tous les degrés du marasme.

L'autopsie a confirmé notre diagnostic en nous montrant les membranes muqueuses du rectum et du colon complétement désorganisées, avec de vastes et profonds ulcères.

Le second cas s'est présenté chez C***, fusilier au 66e régiment, entré à l'hôpital le 6 février dernier, pour une diarrhée assez violente, mais ne l'incommodant pas au point de courir la chance d'être mis à la diète en la faisant connaître, lorsqu'à la fin de mars elle se compliqua d'un flux de sang très-considérable, avec mouvement fébrile très-prononcé; il n'en fallait pas davantage pour en imposer au médecin traitant, qui, le croyant véritablement atteint d'une colite suraiguë, le fit saigner, à plusieurs reprises, sans succès.

Appelé alors près de cet homme, je lui fis avouer qu'il avait la diarrhée depuis plus de trois mois; il était amaigri, on peut même dire dans le marasme, avec la peau flasque, rugueuse, le teint plombé et les autres symptômes de la colite chronique arrivée au plus haut degré.

Peu de temps après, cet homme succomba, et, à l'ouverture du cadavre, nous trouvâmes les membranes muqueuses du rectum et du colon complétement désorganisées, et présentant de vastes et profonds ulcères.

Ces deux observations démontrent combien les praticiens doivent être circonspects pour ne pas confondre des maladies semblables en apparence, et qui, cependant, diffèrent essentiellement. Le second cas, surtout, était fait pour en imposer aux médecins les plus expérimentés, à cause du mouvement fébrile bien prononcé qui était survenu, et qui tenait, sans doute, à quelque point de phlogose accidentelle.

Ou je me trompe fort, ou il est impossible que la mortalité de l'armée d'Afrique ne diminue pas immédiatement après que la méthode des saignées répétées y aura été adoptée contre les diarrhées et les dyssenteries si communes et si souvent funestes dans ce pays; et il est difficile de croire qu'elle ne le soit pas généralement, dès qu'on aura répété mes heureux essais. Quel est le praticien qui voudrait encourir la responsabilité d'un traitement douteux, quand il connaîtra les faits renfermés dans ce mémoire ?

D'un autre côté, sous le rapport de l'économie, les avantages de cette découverte sont incalculables; l'administration de la guerre le comprendra aisément, lorsqu'elle saura que le traitement le plus simple arrête souvent, en très-peu de temps, une maladie grave qui, passant à l'état chronique avec une grande facilité, s'éternisait dans nos hôpitaux, détruisait les fournitures et consommait une quantité effrayante de sangsues, déjà si chères et si rares, qu'on devait craindre de les voir manquer entièrement, surtout en campagne et dans les armées occupant les pays chauds, où ces annelides sont si difficiles à conserver.

En vérité, je me trouve heureux et fier d'avoir

été choisi par l'auteur de toutes choses pour saisir, étendre et propager une vérité pratique d'un si haut intérêt pour l'espèce humaine en général, et pour les troupes en particulier; il appartenait au plus ancien médecin de notre belle et brave armée, de contribuer si puissamment à sa conservation et à sa prospérité.

Je crois devoir terminer ce mémoire par les corollaires suivants, fruits de mon expérience et de mes réflexions : ·

1° La colite proprement dite, la dyssenterie ordinaire, et même la dyssenterie hémorragique, ne sont que des degrés différents de la même maladie; ce qui le prouve, c'est que la colite simple, quand elle n'est pas arrêtée, se transforme facilement en dyssenterie, comme chez la femme V***; ce qui le prouve encore, c'est qu'elles cèdent au même traitement.

2° La dyssenterie épidémique ne diffère pas essentiellement de la dyssenterie ordinaire; seulement, comme elle est produite par une cause plus active, elle est aussi plus violente, et sa marche plus rapide, surtout dans le principe de l'épidémie. Ce n'est pas un motif de chercher contre elle un traitement spécial; mais c'en est un puissant de la combattre de bonne heure et avec énergie.

3° Dans les pays chauds, comme l'Afrique, par

exemple, où les forces vitales du tube digestif sont plus développées, la colite devient facilement épidémique, et, si elle n'est combattue promptement et avec vigueur, elle se termine bientôt par la mort ou par la chronicité, qui y conduit infailliblement.

4° La colite, même la plus légère, est une maladie qui mérite de fixer l'attention des malades et de leurs médecins, surtout des officiers de santé militaires : comme elle fait peu souffrir et qu'elle n'enlève pas l'appétit, il en résulte que les sujets qui en sont atteints se négligent, continuent à vaquer à leur affaires et à manger comme de coutume ; souvent même ils ont recours au vin chaud et autres toniques pour arrêter leur diarrhée, qu'ils ne considèrent que comme un relâchement : c'est ainsi qu'on peut concevoir comment il se fait qu'il entre assez souvent dans nos hôpitaux des malades atteints de colite chronique incurable.

5° Arrêter promptement les colites ordinaires par la saignée générale, qui ne manque jamais son effet, c'est prévenir des épidémies de dyssenterie, et des diarrhées chroniques non moins meurtrières.

6° La saignée générale a une action toute-puissante contre les diverses espèces de colites à *l'état aigu.* Ses effets, qui tiennent quelquefois du prodige, ne peuvent guère s'expliquer que par une révulsion ou une dérivation particulière (1).

7° Plus la phlébotomie est pratiquée de bonne heure, et plus la révulsion est prompte et facile, ce qui s'explique par l'état des capillaires sanguins de la partie phlogosée qui, n'ayant pas encore perdu leur vitalité, réagissent aisément sur les fluides qui les congestionnent.

8° La révulsion est plus puissante et plus facile par la saignée du bras que par celle du pied.

9° Il vaut mieux tirer la même quantité de sang par une seule saignée que par deux petites, comme il vaut mieux aussi le tirer dans cinq minutes que dans vingt, trente ou quarante, parce que plus la soustraction est prompte, plus la révulsion est énergique.

10° Une forte saignée, faite en ouvrant largement la veine, suffit, le plus souvent, pour arrêter sur-le-champ la colite aiguë aux premiers jours de son invasion; presque toujours elle suffit aussi pour conjurer tout danger dans la plupart des dyssenteries voisines de leur début; toutefois, quand la maladie résiste, il ne faut pas

---

(1) J'emploie indifféremment les mots de *révulsion* ou de *dérivation*, parce que les auteurs définissent mal et ne sont pas d'accord sur le sens propre de ces mots.

craindre de la réitérer plus ou moins, selon son opiniâtreté.

11° Malheur au praticien qui, s'en laissant imposer par une fausse apparence de faiblesse ou par la concentration du pouls, craint de recourir à la saignée générale dans la dyssenterie.

12° Quand la colite n'est pas trop violente, la membrane muqueuse des gros intestins résiste encore longtemps à la désorganisation, et l'on peut tenter la révulsion par la saignée avec quelque espoir de succès; mais, quand les altérations organiques sont évidentes et annoncées par un commencement de marasme et autres symptômes connus, il faut s'en abstenir avec le plus grand soin, même quand l'état du malade se compliquerait d'un flux sanguin, parce qu'elle ne pourrait que hâter sa mort.

13° Aujourd'hui que j'ai constaté la puissance de la saignée dans le traitement des diverses colites, on peut dire que les sangsues y sont au moins inutiles, si ces maladies ne sont compliquées d'aucune autre phlegmasie; appliquées à l'anus, elles peuvent même devenir dangereuses dans la dyssenterie hémorragique. Dans ces cas graves, que peuvent-elles faire de plus que l'hémorragie, qui ne trouve pas son remède en elle-même?

14° La diète, qui est elle-même une saignée négative, est le plus puissant auxiliaire de la phlébotomie dans le traitement de toutes les colites; elle ne doit pas exclure les boissons adoucissantes et mucilagineuses, qui sont indispensables.

15° Viennent ensuite les bains de siége, les bains entiers qui aident à l'action de la saignée, en faisant eux-mêmes une sorte de révulsion sur tout le système cutané.

16° L'opium, sans être d'une indispensable nécessité, est utile et facilite la guérison quand il est donné avec précaution, et après l'usage de la saignée; il en est de même des demi-lavements amylacés-opiacés. Ce n'est point en agissant contre une certaine nervosité chimérique que l'opium est favorable dans ces cas, mais en ralentissant le mouvement péristaltique des intestins. Au reste, tous ces moyens ne sont, selon moi, que très-secondaires; avec une lancette et de la bonne eau, on peut guérir toutes les colites, même sous la forme dyssentérique, à l'état aigu.

17° Un régime léger, féculent et gradué est indispensable pour prévenir les rechutes toujours faciles; voilà pourquoi ces maladies sont si dangereuses dans nos hôpitaux, où les conva-

lescents peuvent toujours se procurer des aliments apportés à l'insu du médecin ; voilà aussi
pourquoi il importe beaucoup de les arrêter le
plus tôt possible par la saignée générale.

FIN.